幸運之人

A Fortunate Man

約翰・伯格（John Berger）—— 著
尚・摩爾（Jean Mohr）—— 攝影
吳莉君 —— 譯

本書獻給

約翰與貝蒂，他們是書中主角，

也獻給菲利浦．奧康諾，

感謝在我撰寫此書期間他的來函。

——約翰．伯格

目次

導讀

你我皆幸運

文／陳佳琦（藝評家、攝影史研究者）

《幸運之人》觀察一個英國鄉村醫生的日常、他所面對的醫療體系，以及獨自到偏遠地區行醫的事。此書是約翰．伯格首次與瑞士攝影師尚．摩爾（Jean Mohr）合作，以照片、文字互相搭配所書寫而成的紀實文本。

全書從風景照片揭開序幕。鄉間森林的路上，一輛駛向密林的車子，沿路有房舍有樹木，帶我們進入猶如英國如畫美景（picturesque landscape）的鄉間，這裡也是故事的舞台。

幕帘拉開後，卻是一件緊急的意外事故，一名樵夫被倒下的大樹壓碎了腿，同伴正慌張呼叫故事主角薩梭醫生。伯格簡短而精準地掌握了細節，彷彿他的眼睛是戴在醫生頭上的全知攝影機。醫生在電話中引導報案者指出鄉間的確實地點、盤算該讓救護車停在哪裡，他急速前往，「拇指死按著喇叭，一方面是為了警告迎面而來的車輛，另一方面也是想讓壓在樹下的人聽見，知道醫生就快到了。」幾句話，伯格描述了一位火急之中不失體貼與冷靜的醫生。

這樣的開場點出了全書主題：一個「好醫生」如何在那樣的時代用他自己的方式堅持行醫。這本書環視了一個鄉村醫生的故事。從他的教養、經歷到自我期待，從他對待病患的態度，甚至他的苦惱和無能，以及他想對抗的與不合時宜的，都予以層層剖析。但什麼是好？就像伯格一直避免但有時也不得不承認：陳腔濫調是傳達意象的必備品。成語流俗、卻也好懂，假如用一個俗語來形容這個好，或許就是「視病猶親」。伯格用一本書去描述這樣一件事情，但又遠遠超過這件事。

閱讀伯格，最不需要擔心的是自身知識含量夠不夠的問題。伯格總是如此親切，但他並非不掉書袋或不論述，他的書袋藏在後面，而他的思辨是有層次性的。就像他影響力最大的藝術評論，總由觀察為始，一步步引領讀者進入內核，一同理解與思考，辯證、再辯證。此外，伯格也是傑出的小說家，他善用文學性的情境和對話呈現人的處境，勝過簡單的分析、定義或結語，他也通常不輕易下斷言。這些特質，在這部算是早期之作的《幸運之人》中皆可察覺。

伯格從薩梭的身上抽取了一個全科醫生[1]的理想典型。但伯格的觀察也如同他的藝評，向來拒絕神祕化任何的個人與作品，而是不斷追索：是什麼情況與時代之下產生這樣的藝術？或更整體與結構性地回到藝術家的時代、社會性的樣態去予

---

1 全科醫生（General practitioner），也稱家庭醫生。有別於專科醫生，他們擁有廣泛的醫學知識和醫療技能，能為大部分的病患進行第一道診斷和治療，全科醫生在英國公共醫療體系扮演重要角色，他們做為第一線、承擔大部分地區性醫療的需求，也為病患決定是否轉介至其他專科。

以探問。伯格不將薩梭的「好」、到偏鄉奉獻的精神視為單純的良善本性或個人情操，他在薩梭身上探問他的服務志向與內在驅力的起源，在世代與階級的相關線索裡尋訪到一種類似康拉德（Joseph Conrad）筆下的掌舵精神。伯格也觀察薩梭身上強大的求知慾和責任感，來自與全科相呼應的一種「全人」精神、以及個人智性與悟性的追求。

伯格更觀察一個鄉村醫生與社群地方的關係，他清晰點出醫生的仕紳位置與森林人[2]的文化剝奪，而致令薩梭感到挫敗的苦楚也在於他無法也不該讓病患理解薩梭自身所感受到的種種無力感，以及在地人並無法體認的自身弱勢處境。伯格辯證地探問，誰才是幸運之人？是能有薩梭醫生相伴與認肯的森林人？還是可以像個藝術家一樣、相信自身工作就是存在價值的薩梭醫生呢？這裡的「幸運」指涉的又是什麼呢？假使人能夠在粗礪與殘酷之中磨損掉那細膩的感受力，或許才是幸運。但薩梭醫生似乎不能。伯格寫下「不要變得太細膩。細膩這項特權，就是幸運之人與不幸之人的區別。」彷如一記棒喝。

伯格沒有直接陳述的是，創立於一九四八年的國民保健服務[3]對薩梭醫生或同時期英國人的意義為何。在此書最初出版的一九六七年，仍然是戰後歐洲社會民主信念深植的時期，期許社會公平、同意累進課稅以構築的社會福利體系，包含其中的英國公醫制度即代表著一種美好的社會想像。相信伯格必然同意醫療公共化的理念，然而他更好奇的是，獻身在此一利他信念之下的醫生，所可能面對的困難與恐懼。

這個故事必須讀到最後。除了伴隨伯格自身在寫作上的精采思辨、以及對薩梭

2 伯格用以形容當地人的名稱。

3 英國國民保健署（National Health Service）創立於一九四八年，是全球最大的單一保險人制度的公共醫療體系，目的在為人民有需要時提供免費醫療制度，並由全科醫生提供地區性的醫療服務，再視需要為病患進行轉診。然而這個令英國感到驕傲的醫療體系，近年因政府挹注經費不足，面臨營運壓力。臺灣的健保制度雖有類似的全民醫療服務精神，但制度設計上並不相同。

此人的難以論斷之外，還有後記裡令人倒抽一口氣的補充。

伯格說：「我們還沒開始建立一個可以評價薩梭社會貢獻的社會」，因此他方方面面審視了薩梭以及他所處的世界。這讓《幸運之人》既不屬評論，也不歸小說，但若用現下的「非虛構寫作」定義，又似稍嫌簡化。《幸運之人》是伯格與摩爾的首度嘗試，以文字和攝影共同完成一則基於事實的報導。許多論者都指出這可上溯至詹姆斯・艾吉（**James Agee**）與沃克・伊文斯（**Walker Evans**）合作的《現在讓我們讚頌名人》，以及尤金・史密斯（**Eugene Smith**）的〈鄉村醫生〉之系譜[4]，但他們似乎又與這些出版型態不盡相同。其後伯格與摩爾還共同完成了《第七人：歐洲移住工人的故事》（*A Seventh Man*）、《另一種影像敘事》（*Another Way of Telling*）兩書。從《幸運之人》裡，可以看見此處的攝影不完全是配圖，文字也非為圖說。許多時候會發現閱讀之中影像恰好現身，從一開始的風景、薩梭的診所，描述醫病關係時放上了薩梭與病患接觸的影像，攝影與文字像是互為主體的關係，讓閱讀產生了不同於純文字的節奏。傑夫．戴爾（Jeff Dyer）曾如此描述這樣的圖文關係：「有一點很重要，那就是：攝影不是作為文本的插圖，相對的，文本也不打算扮演影像的延伸圖說。他們拒絕讓文字與影像變成伯格所謂的『套套邏輯』，改以一種相互增強的融合關係取而代之。一種新的形式正在鍛鑄與精煉。」[5]可以說，《幸運之人》正是這新形式的起點。

伯格的傳記曾提及，《幸運之人》出版後找到令人意外的讀者，對六、七〇年代的大學生來說，這本書讓他們第一次明白，原來自己想成為醫生[6]。這本已近

---

4 《現在讓我們讚頌名人》出版於一九四一年，是講述美國大蕭條窮鄉景況的報導書籍。〈鄉村醫生〉是一九四八年刊登於《生活》（*Life*）雜誌上的攝影報導，也是尤金．史密斯的重要代表作之一。

5 傑夫．戴爾為伯格選編的影像文集《攝影的異義》所撰寫之導言。見約翰．伯格，《攝影的異義》（臺北：麥田，2016），頁10。

6 約書亞．史柏林，《凝視約翰伯格：我們這個時代的作家》（臺北：時報，2021），頁170。

六十歲的老書，今日我們何以還讀它？就如伯格所說，作者會老，書卻可能更年輕[7]。書中的數據內容會過時、當下問題會消失，但是書中保留的人物精神、作者視角與形式，仍然足以為這世界帶來希望。

或許真正的人道精神是回到這些真實的刻鑿與觀察，引領我們不再將感性和理論二分，整合起屬於人的感受和思維，從而進入一段旅程。而能夠閱讀或體驗這則故事，你我其實皆為幸運之人。

7 John Berger and Jean Mohr, "Preface", in *A Seventh Man* (London: Verso, 2010), p.7.

幸運之人

風景可能是一種假象。有時，風景似乎不是居民生活的舞台，反而更像一道布幕，居民的掙扎、成功與變故，都在幕後上演。

對那些與居民一起待在幕後之人，地標不僅是地理性的，也是傳記性的與個人性的。

其中一人大聲警告，可惜太遲。樹葉近乎優雅地刷拂過他。小樹枝籠困住他。然後，那棵樹與整座山壓擠著他。

一名男子氣喘吁吁地說，有個樵夫被困在樹下。醫生請藥劑師找出確切地點，然後，他突地抓起自己的電話，打斷她，自己說。他必須知道確切地點。最靠近的田是誰的？田裡最靠近的門是哪座？他需要一具擔架。他的擔架前一天留在醫院裡。他告訴藥劑師立刻打電話叫救護車，請救護車在最靠近馬路的橋邊等候。在他家車庫裡，有一扇舊門，鉸鏈掉了。他從藥房拿了血漿，從車庫拿了那扇門。開車行駛在巷弄間，拇指死按著喇叭，一方面是為了警告迎面而來的車輛，另一方面也是想讓壓在樹下的人聽見，知道醫生就快到了。

五分鐘後，他離開馬路，開車上坡，駛入迷霧。如同往常，在河流上方的這處，總是白霧茫茫，那霧似乎要否定所有的重量與固態。他不得不停下兩次，將門打開。第三道門微微開著，他直駛而過，沒停車。門甩了回來，撞上路華（Land

Rover）車尾。一些羊隻，受到驚嚇，出現又消失在迷霧裡。他的拇指一直按著喇叭，為了讓樵夫聽見。駛過另一塊田地後，他看見一個人影在霧後揮手——彷彿正在擦拭一扇蒙上水氣的巨大窗戶。

醫生開到那名男子旁邊，聽見他說：「他一直尖叫個沒停。他一定很痛苦，醫生。」

男子會在日後把這個故事講很多次，第一次就是當天晚上在小村裡。不過這時，故事還沒成形。醫生的到來，將結局拉近許多，但事故尚未結束：受傷的男人還在尖叫，另外兩個男人把楔子捶進樹下，準備將樹抬起來。

「主拋下我孤零零。」他哭喊「孤零零」時，醫生就在他身邊。受傷男子認出醫生，雙眼聚了焦。對他而言，結局也拉近了，這給了他勇氣，安靜下來。突然間，萬籟俱寂。那兩名男子停止捶打，但仍跪在地上。他們跪著，盯著醫生。醫生的雙手對身體熟練自如。即便是二十分鐘之前還不存在的這些新傷口，他也毫不陌生。在樵夫身邊待沒幾秒，醫生就幫他打了嗎啡。醫生的出現，讓三名旁觀者鬆了一口氣。但此刻，醫生老神在在的模樣，讓他們覺得，醫生似乎就是這起事故的一部分：簡直就是它的共犯。

「他本來有機會躲開的，」跪在地上的一名男子說：「哈利出聲大喊，但他繼續往前走，還轉錯方向。」

醫生擺放血漿，準備給手臂輸血。醫生走動時，會一面解釋自己在做什麼，好讓其他人放心。

「我朝他大喊，」哈利說：「他本來可以躲開的，如果他警醒一點。」

「他應該那樣躲開的。」第三人說。

隨著嗎啡生效，受傷男子的臉龐逐漸鬆弛，閉上雙眼。那時的感覺，就好像他得到的解脫如此強烈，乃至其他人也跟著解脫。

「他很幸運，能活著。」哈利說。

「他本來可以那樣躲開的。」第三人說。

醫生問他們，可以把樹移開嗎。

「我想可以，現在我們有三個人。」

沒人繼續跪著。三名樵夫站起身子，迫不及待想動工。霧愈來愈白。水分凝結在空了一半的血漿瓶上。醫生留意到，這略微改變了它的顏色，看起來比正常情況黃一些。

「我要你們把樹抬起來，」醫生說：「我要給他的腿上夾板。」

當他們撬動那棵樹時，受傷男子感覺到樹的殘響，又開始呻吟。「如果把他弄出來，他可能會被我們傷得更重。」哈利說。他可以看到下面那條壓碎的腿，像遭到路殺的狗。

「抓穩就好。」醫生說。

當醫生在樹下救治他們當中第四人即將失去的那條腿時，他們很熟悉的這位醫生，似乎再一次，又像是災難的共犯。

「我們不敢相信你這麼快就到了。」第三人說。

「你們認識那位『瞌睡喬』嗎？」醫生問：「他被壓在樹下十二小時，才有人來幫忙。」

他指導他們如何將受傷男子抬到門板上，如何放進路華後座。

「你會沒事的，傑克。」其中一人對受傷男子說，男子的臉濕漉蒼白如濃霧。第三人碰了碰他的肩膀。

救護車等在橋上。車開走後，哈利偷偷轉向醫生。

「他會失去那條腿，」他說：「是嗎？」

「不會，他不會失去他的腿。」醫生說。

樵夫慢慢走回森林。往上爬時，他的兩手擱在兩條大腿上。他把醫生講的話告訴其他兩人。那天，他們剝樹皮時，一再留意到地上的凹痕，當時他就被困在那裡。掉落的樹葉又暗又濕，根本分不出血跡。但每一次，當他們留意到那個地方時，都不禁會懷疑，醫生的話是否正確。

她是一個約莫三十七歲的女人。身上還帶有學生的氣息，一個不太聰明的女孩，身體發育得比其他人好，但成熟的身體讓她顯得遲緩且具母性，而非善變性感。她身上的這種氣息，只剩下最後一絲痕跡。兩年內就會消失無蹤。她負責照顧母親，如今，醫生經常造訪那棟小屋也是為了母親而非女兒。

十年前，醫生第一次看見女兒。當時她感冒咳嗽，抱怨身體虛弱。胸部X光正常。他覺得，她有事想談。她從不直視他，而是不停投給他急切、焦慮的一瞥，彷彿這樣可以將他拉近。他問過她，但無法得到她的信任。

幾個月後，她罹患失眠，接著哮喘。所有過敏測試都是陰性。哮喘惡化。現在，他看著她時，她是透過自身的病痛對他微笑。她的眼睛圓溜溜，像兔子。她窩在疾病的籠子裡，對籠外的一切都感到膽怯。如果有人靠她太近，她的眼睛就會抽搐，宛如兔鼻周圍的皮膚。但她臉上毫無皺紋。醫生確信，她的病是嚴重的情緒壓力所導致。不過，她與母親都堅稱，她無煩無憂。

兩年後，他意外發現問題的答案。某個午夜，他出診接生。鄰里來了三名婦女幫忙護理。等待期間，他與她們在廚房喝茶。其中一人在一家大型機械化酪農廠工作，位於最鄰近的鐵路城鎮。哮喘女孩也在那裡上過班。曾經是救世軍一員的工廠經理，與她有過一段戀情。顯然，經理承諾過要娶她。後來，在懊悔自責與宗教顧忌的壓力下，他拋棄了她。這算得上戀情嗎？又或者，他只是曾經，在某個晚上，牽著她的手走出乳品室，爬上他那間擺了皮椅的辦公室？

醫生再次詢問女孩的母親。女兒在酪農廠工作時開心嗎？是，非常開心。他問女孩，她在那裡開心嗎？她在她的籠子裡微笑，點頭。於是，他直白地問她，經理是不是曾經非禮她。她僵住了——就像一隻動物知道自己逃不掉了。她的雙手停止動作。她的頭一動不動。她的呼吸微不可聞。她從未回答他。

她的哮喘持續發作，並導致肺的結構性惡化。目前靠類固醇維生。月亮臉。一雙大眼神色平靜。但她的眉毛、眼瞼以及緊貼顴骨的皮膚，會隨著帶有意外警示的

每個動作和聲音而抽搐。她照顧母親，很少離開小屋。看見醫生時，她會朝他微笑，現在，她大概也會朝那位救世軍士兵微笑。

以前，水很深。接著，來了神與人的洪流。氾濫過後的淺灘，清澈但攪擾不休，對自身的淺薄惱怒不已，彷彿某種過敏。河中有一處彎道，經常讓醫生想起自己的失敗。

英格蘭的秋日清晨，經常像是舉世獨有，別無分號。空氣寒。地板冷。或許正是這樣的寒冷，銳利了熱茶的濃烈。戶外，極其輕微的霜凍，使踏在礫石上的腳步聲，比一個月前略顯響亮。空氣中飄著吐司的氣味。奶油塊上，沾染了最後一把焦躁之刀留下的吐司碎屑。戶外，陽光灑落，輕柔鬆軟又精準確切。每棵樹上的每片葉子，似乎歷歷分明。

她躺在四柱床上，臉色灰白，雙頰凹陷。她的雙眼痛苦緊閉。呼吸有喘鳴聲，呼氣時尤其嚴重。

醫生站著觀察，要了一杯溫水與棉花。他將嗎啡注入她的上臂，她只微微一縮。怪的是，她的胸腔承受如此劇痛，理應在針頭戳入時感到畏懼。他用溫水與棉花，擦掉那隻飽經風霜的大手臂上的小血珠，石頭或麵包的顏色，那隻手臂彷彿是經過刷洗和烘烤才有了那顏色。

接著，他用同一隻多般操勞的手臂，量了她的血壓。數值很低。她的雙眼始終緊閉，彷彿那無比輕柔又無比精準的陽光，正壓在雙眼之間。她依然一語不發。

他備好一支注射器，還要打一針。五十歲的女兒站在床尾，等待指示。

他將針插進手腕附近的靜脈。這一次，她沒縮手。注射到一半時他停住，讓注射器留在鬆垮的皮膚褶皺裡，彷彿那是皮膚的羽毛，他用另一隻手觸摸她頸部，檢查動脈的脈搏力道，以及頸靜脈的充血程度。他隨之完成注射。

老婦人睜開雙眼。「這不是你的錯。」她語音清晰，近乎清脆。

他聽診她的胸部。她過度操勞的棕色雙臂，她刻紋深布的臉龐，她皺巴巴的脖子，突然都被柔軟白皙的胸部給否定了。院子裡照顧乳牛的灰髮兒子，床尾處穿著地毯拖鞋、腳踝腫脹的女兒，都曾經趴在她的胸部吃奶，但那裡竟柔軟白皙宛如少女。這是她悉心保養的。

樓下客廳，醫生解釋了用藥須知，準備離開。老婦人的喘鳴聲，隔著樓板依然可聞。三隻狗趴在地毯上，頭枕著伸長的爪子，雙眼睜開。老人走進時，牠們幾乎沒動。

老人看起來昏昏欲睡。醫生問他一切可好。「不太糟。」他說：「除了沒法打炮。」

父親、女兒或戶外的兒子，沒有一個向醫生詢問老婦的狀況。醫生說，他晚上會再過來。

醫生重返時，客廳一片漆黑。這令他有些不安。他喊了一聲，沒回應，他爬上樓。樓梯直接通往第一間臥室。穿越臥室之後，他能看到第二個房間門下的燈光。

房間聞起來有點噁心。梳妝台上，擺著家人的所有結婚照，嵌在皮質相框裡，還有一只十九世紀的兒童馬克杯，上面印了恐怖童謠「誰殺了知更鳥」（**Death and Burial of Cock Robin**）；梳妝台下，有一個搪瓷碗，裡頭有尿，以及染了幾絲鮮血的痰。女兒解釋，每次母親咳嗽，都會不自主地滲尿。老婦人臉色蒼白，額上覆著濕毛巾。房間在她周圍悶燒，一切的舒適都燒焦了，濕透了，又燒焦了。

醫生再次聽診她的胸腔。她躺著，筋疲力盡。「我很抱歉。」她說，聽起來不像道歉，而是陳述事實。他量了體溫與血壓。「我知道，」他說：「但妳很快就會睡著，會覺得有精神。」

她丈夫坐在隔壁房間的黑暗中。剛剛，醫生上樓穿過房間時，並未留意到他。此刻，女兒帶著這兩個男人下樓，還是沒開燈。有那麼一瞬，樓梯和客廳似乎都是外屋的一部分，沒有照明，沒有暖氣，屬於此刻正在畜舍中過夜的動物們。那個家，似乎縮減成樓上點燈房間中的那張四柱床，而胸部柔軟白皙未曾改變的那位老婦人，躺在那裡奄奄一息。

當女兒突然打開燈時，醫生與老人都被眩得睜不開眼。對他們每個人來說，那感覺，就像是發現自己正站在舞台上。熟悉的家具是舞台布景的一部分，但兩人卻必須扮演極度陌生的角色，陌生於他們心目中的真實本性。兩人也都會抓住一切機會，回歸正常與真實。

老人坐了下來，一件大衣搭在膝上。「她得了肺炎，」醫生說：「除了我早上給你們的藥，她還必須服用另一種。你們認為，她能吞下這些藥丸嗎？藥丸有點大。或者，她比較想服用藥水？藥水是為孩童設計的，但我們可以增加劑量。你們認為哪一種比較好？」

順從的女兒，像是找到僅有的微弱希望說：「由您決定，醫生。」

「不，不是這樣，」醫生說：「我是在問你們。她有沒有能力吞下這些藥丸？」

「那麼，或許藥水比較好。」女兒放棄她的小小希望說。醫生還開了一些安眠藥——給她母親，也給她父親。至少，他們今晚能在同一種藥物的效用下入睡。

醫生對女兒解釋藥品時，老人坐著，直視前方，雙手握緊披在膝上的厚重大衣，握緊又鬆開。

醫生解釋完後，現場一片寂靜。父親和女兒都沒打算起身送他出門，也沒問他何時再來。他們只是等著。醫生說：「眼前的危險度過了——今天早上晚個半小時她可能就死了，她熬過心臟病發，現在，她得付出代價。」

「聽起來是個可笑的混合病啊。」老人垂眼說道：「心臟病，然後肺炎。可笑的混合病。她昨天還挺好的。」他開始哭，非常小聲，像女人的哭法：眼淚在眼眶裡打轉。

醫生本來已經拎起一個袋子，聞言又放下，把身體靠向椅背。「可以幫我們泡杯茶嗎？」他說。

女兒泡茶時，兩個男人聊著屋後的果園和今年的蘋果。女兒在場時，他們談論父親的風濕病。喝完茶後，醫生離開。

隔天早上，是另一個如同前一天的秋日清晨。每棵樹的每片葉子，都歷歷分明。陽光穿越果園裡的一棵樹，在老婦人臥房的地板上嬉戲。她艱難地爬起床，第二次心臟病發。醫生不到十五分鐘就抵達。她雙唇發紫，臉色如土。她走得很快，雙手一動不動。

客廳裡，老人搖搖晃晃站起身。醫生刻意沒伸手扶他，而是面向著他。年紀較長的男子，身長高了九英寸。醫生的雙眼在鏡片後特別顯寬，他語氣沉穩地說：「如果她活下來，情況會更糟。只會更糟。」

他或許還說了，有些國王和共和國的總統從未走出喪妻之痛。他或許還說了，死亡就是生命的前提。他或許還說了，人類是不可分割的，在他看來，這就是唯一的意義，是死亡無法主宰的。

但在那一刻，無論他說了什麼，老人的腳還是搖晃不停，直到女兒扶他坐進壁爐前的椅子，爐火未燃。

只有雙腳背叛了她。這和她走路的方式有關，對腳相當不負責任的方式，而且十分幼稚。她的三圍是三六—二五—三六。

走進診所時，她正在哭。

「怎麼了，達姬？」

「我只是覺得有點糟糕。」

她坐在那裡哭，如同先前坐過那裡的其他女孩，因為她們以為自己懷孕了。為了讓她輕鬆一點，醫生把那個問題偷藏在其他問題中間。

「什麼事情讓妳沮喪？」

沒回答。

「喉嚨痛？」

沒回答。

「泌尿系統還好嗎？」

她點點頭。

「妳有量體溫嗎？」

她搖頭。

「經期規律嗎？」

「是。」

「上一次是何時？」

「上星期。」

醫生打住。

「你還記得你肚子上長過皮疹嗎？有復發過嗎？」

「沒有。」

他坐在椅子上，身體朝她傾了傾。

「妳只是覺得想哭？」

她將頭朝自己的懷抱垂得更深。

「是爸爸媽媽叫妳來找我嗎？」

「不是，是我自己要來的。」

「就算染了頭髮，也沒讓妳覺得好過一些嗎？」

她笑了一下，因為醫生留意到了。「確實有好一下子。」

醫生幫她量了體溫，檢查喉嚨，叫她臥床休息兩天。然後，他恢復談話。

「妳喜歡在洗衣店工作嗎？」

「就是個工作。」

「那裡的其他女孩怎麼樣？」

「我不知道。」

「妳跟她們處得好嗎？」

「如果她們發現妳在講話，會叫妳閉嘴。」

「妳有想過做別的工作嗎？」

「我還能做什麼？」

「妳想做什麼？」

「我想做祕書工作。」

「妳想當誰的祕書？」

她笑著搖頭。

她的臉髒兮兮的，滿是淚痕。但是她的雙眼四周、鼻子和塗了口紅的豐滿雙唇上方，都有一股顯而易見的力量，也就是讓她胸部隆起雙臀挺翹的同一股力量。她的各方面都發育成熟，性感適婚，但不包括她受到的教育和擁有的機會。

「等妳好一點，我會讓妳繼續休息幾天，如果妳願意，妳可以去人力仲介公司，找找看有什麼受訓機會。那裡有各式各樣的訓練方案。」

「有嗎？」她呆呆地說。

「妳在學校的成績怎樣？」

「很爛。」

「妳有拿到中等教育普通證書嗎？」

「沒有，我沒通過。」

「但妳不傻，對吧？」他問這話的口氣，像是如果她承認自己很傻，就會害到醫生似的。

「不，不傻。」

「很好。」他說。

「洗衣店很可怕。我討厭那個地方。」

「自怨自艾沒任何好處。如果我給妳一個星期的假，妳真的會好好利用嗎？」

她點頭，絞著濕漉漉的手帕。

「妳可以星期三再來，我會打電話給人力仲介，到時候我們再聊聊他們怎麼說。」

「我很抱歉。」她說，又開始哭了。

「不用抱歉。妳會哭，表示妳有想像力。如果妳沒想像力了，妳就不會覺得這麼糟糕。現在回去睡覺，睡到明天。」

醫生從診所窗戶，看著她走進通往公地的巷子，走向十六年前他接生她的那棟房子。她拐過轉角，他還繼續盯著巷子兩邊的石牆。以前那兩道石牆是乾砌牆。如今，牆上的石頭是用水泥黏合。

他聽過關於他們的流言。說他們在逃。說她是倫敦來的妓女。說地方當局將採取行動，把他們趕出廢棄村屋，屋主是一名農夫，答應過他們可以使用那棟房子（有人說，因為屋主在倫敦結識那名女子），但他們把日子過得像占屋偷住似的。

三個小孩在後門邊玩著細鐵絲網。母親在廚房。她是個快三十的女人，黑色長髮，瘦長雙手，灰色眼睛明亮而流動。皮膚有一種沒洗乾淨的模樣，比較像是貧血，而非骯髒。

「你們冬天不能住在這裡。」醫生說。

「傑克說，有時間他會補一補。」

「這不是補一補就能解決的。」

廚房有一張桌子和兩張椅子。石頭水槽旁邊，有一個木條箱儲物櫃，裡面有些杯盤和袋子。水槽上方的窗戶破了一半，塞了一塊木板。陽光從另一半射進來，灰濛濛的塵土在光束中緩升慢降，慢到似乎屬於另一個無人居住的世界。

稍後，她坐在前廳的床上，將那個問題說出口，她就是為了那個問題才請他過來的。

「醫生，像我這種年紀的女人，可能會有心臟問題嗎？」

「有可能。妳小時候得過風濕熱嗎？」

「應該沒有。但我喘不過氣。我只要彎下腰撿個東西，就幾乎站不起來。」

「我聽一下。拉起上衣就好。」

她穿了一件非常破舊的黑色蕾絲襯裙。前廳跟廚房一樣，幾乎沒有家具。角落有張大床，上面有些毯子，地板上也有一些。也有一只抽屜櫃，上面有一個時鐘和一台電晶體收音機。窗戶上長滿茂密的常春藤，沒有石膏天花板，也沒有椽架的孔洞，那間前廳似乎不存在幾何形狀，更像是隱藏在樹林中。

「妳來診所，我們會幫妳做更完善的檢查，但我可以向妳保證，妳沒有嚴重的心臟病。」

「喔，這樣我就放心了。」

「妳不能繼續這樣住下去。妳知道吧？我們打算讓你們離開這裡——」

「還有很多比我們更不幸的人。」她說。

醫生笑了，於是她也笑了。她畢竟夠年輕，表情一變，整張臉就煥然一新。她的臉再次有了驚喜的能力。

「如果我贏了足球簽賭，」她說：「我會買一棟大房子，為孩子們弄一個大家庭，但他們說，這些日子他們對那類事情百般刁難。」

「來這之前，妳住在哪裡？」

「住在康瓦耳（Cornwall）。那裡靠海，很迷人。你看。」

她打開櫃子最上方的抽屜，從她的長筒襪和小孩的童襪中間拿出一張照片。照片裡，她腳踩高跟鞋，身穿緊身裙，頭上圍了一條雪紡絲巾，與一名男子和一個小孩漫步在沙灘上。

「那是妳丈夫？」

「不是，那不是傑克，那是克里夫和史蒂芬。」

醫生點頭，面露驚訝。

「我要幫傑克說話，」她繼續說道：「他對孩子一視同仁，沒分他的或我的。我們一人一半。他對史蒂芬比他親爹還好。只是他無法打動我。」

她看著照片，舉在一臂之外。

醫生問，她和丈夫想不想留在這區，他可以試著幫他們弄到一間當地政府的房子，不知他們意下如何。她回答時目光沒離開照片。

「你得問傑克。我們做每件事都是一人一半。」

她依然拿著照片，但手臂落到膝上，看著醫生，此刻，雙眼裡滿是怒氣。

「你能告訴我，我是不是太老了？傑克說我太老了。我兩、三個月才要一次。」

「這跟妳的疲累有關，妳覺得無法應付。」

「我真的受夠了。有時我覺得，我真是撐不下去了。我只想躺下來，停下來。」

她站起身，把照片放回抽屜。「你喜歡音樂嗎？」她說，一邊打開收音機。轉了幾格之後，又關掉。她站在那裡，倚著櫃子，臉上的表情與剛才判若兩人，彷彿打開收音機又將它關掉，讓她想起了某件事。

「那對我真的沒任何意義。無法打動我。他跟我做愛時，就像我臉上的一塊濕抹布。我知道真愛是什麼，你知道的。當我跟史蒂芬的爸爸在一起有了史蒂芬時，那真的很美。我們融為一體，我可以把自己整個交給他。他們說這是世上最美妙的事，我懂他們的意思，那就像我懷了史蒂芬那次，我把自己交給他，他也那樣要了我。我永遠不會忘記，想到睡不著還一直想，因為再也沒有一次像那樣，我懷了史蒂芬那次，就像在天堂。」

「我們十年前愛上這裡——為了這裡的景致。我必須說，我們不曾後悔，即便冬天也是。這裡真是太平和了。

「你知道嗎，去年春天，我從村裡沿著小路走，我看到有個東西站在前門。我在樹林邊拐過彎時就能看到。看起來像狗，但不是狗，如果你知道我的意思。你知道那是什麼嗎？是一隻貛。牠就站在那裡，在門柱之間，盯著我。我不知道該怎麼辦。牠們危險嗎？我根本不知道。修在打高爾夫，所以我去問了洪比先生，他陪我走回來，但那隻貛跑了。故事還沒結束。我覺得，那隻貛已經暫住下來了。牠已經不請自來了。你記得我們去年冬天的大雪，如果沒有洪比先生，我們不知該怎麼辦，他清理了穿過樹林的小路，不清理的話，根本過不去，雪深及腰，而且非常冷，冷斃了，總之，就像我剛剛說的，我經常聽到屋頂上有東西，會動的東西，我好幾次把修喊醒，他總說那是雪在動，但我知道不是，因為太冷了，雪不可能移動，而且到了早上，我跑出去看，你知道嗎，屋頂的雪上有牠的腳印，你相信嗎？

我猜，牠待在後面的樹林實在太冷了，所以摸黑下來取點暖。牠可以窩在煙囪上，既舒服又溫暖，修說不可能，但我肯定牠可以。當我坐在壁爐旁邊思考時，我經常想到，牠就在上頭。當然啦，這很蠢，不過這就是我說的，這裡非常平和，你可以懂吧？我的意思是，你在伯明罕不可能看到獾，我們以前住在那裡，那時修還在工作……」她持續講個不停。

她打電話來時，通常是在講修，而非她自己。

「我很擔心他，醫生，他背痛，我想可能是椎間盤突出。一切都怪上星期那段潮濕的日子，他堅持要挖菜園，他說，那是兩個月來頭一次有機會，現在可好，他直不起腰了。」

有時，情況聽起來比較嚴重。

「他已經臥床三天了，呼吸很困難。晚上，他呼吸時，我聽著他的呼吸根本無法入睡，我一直以為他在講話，他呼吸的聲音聽起來像講話，醫生。」

她等在門口。

「真高興你來了。他整個身體都垮了。我最好讓你自己跟他說，因為他不會告訴我他在抱怨什麼，他不會說出來，他很好笑，就像你知道的，他只說他的五臟六腑都要走了。哪一個？我說。你是指哪裡？但他沒告訴我，他只說他的五臟六腑。」

那位丈夫，七十三歲，他解釋，他只是控制不住他的尿，還有下腹有點痛。醫生檢查他的胸腔和肚子。醫生做了肛門指診，藉此觸摸攝護腺，確認是否有增生組織壓迫膀胱。他測試尿液中的糖分與蛋白。糖分就是問題所在。他診斷出輕微的尿道炎。

三十六小時後，她來電。

「他現在沒辦法喝任何液體。他沒法喝東西。從昨天早餐開始，他滴水未進。他一直昏睡。我跟他講話講到一半，他就昏昏欲睡——我不知道該怎麼辦。他無法保持清醒，就算我跟他講話也沒用，他就是昏昏欲睡，然後睡著，然後又昏昏欲睡，即便我正在跟他講話。」

診所與住家是分開的，大小相當於兩個車庫。包括一間候診室，兩間診療室，和一間藥房。它位於山坡上，可俯瞰河流與樹木繁茂的大山谷。從山谷的另一邊望過來，診所很渺小，幾乎看不見。

診所門上，有一塊告示牌，上面寫著：約翰．薩梭醫生（Dr John Sassall），醫學院醫學士，外科學士，英國皇家婦產科學院文憑。

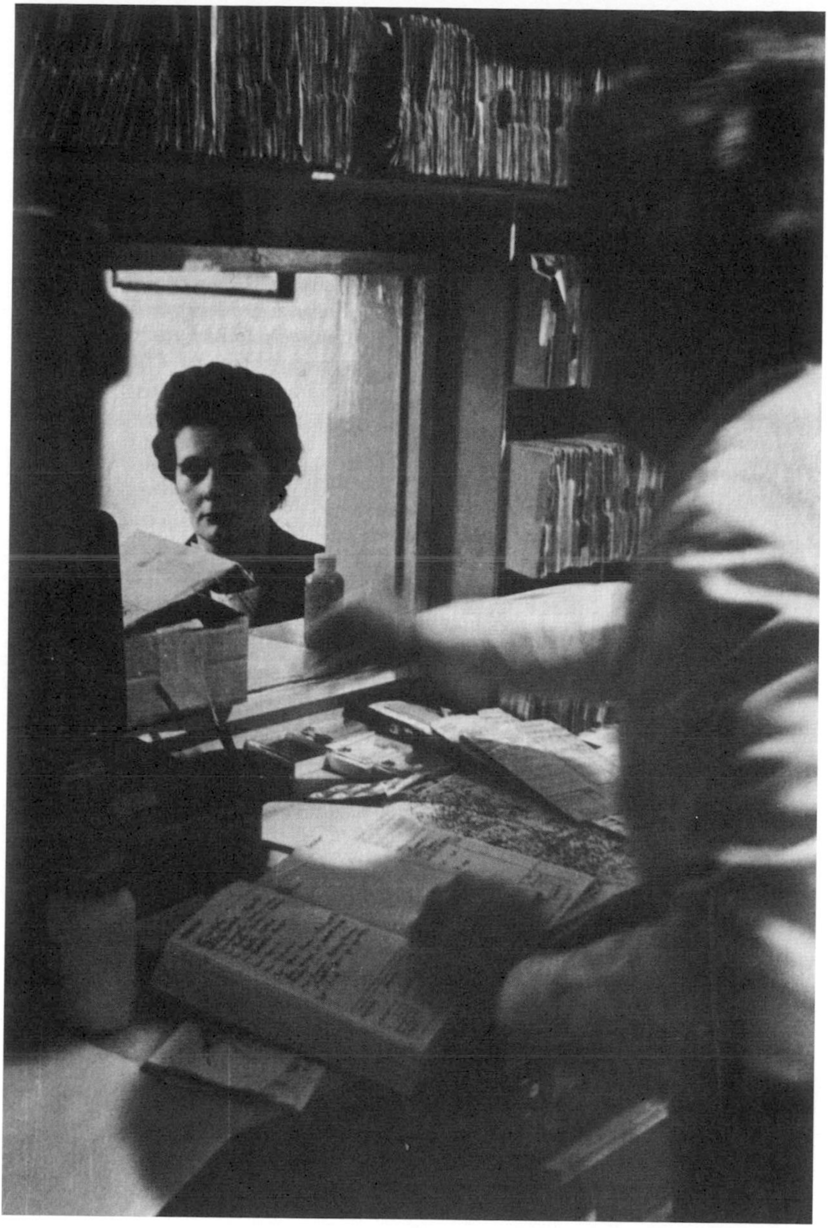

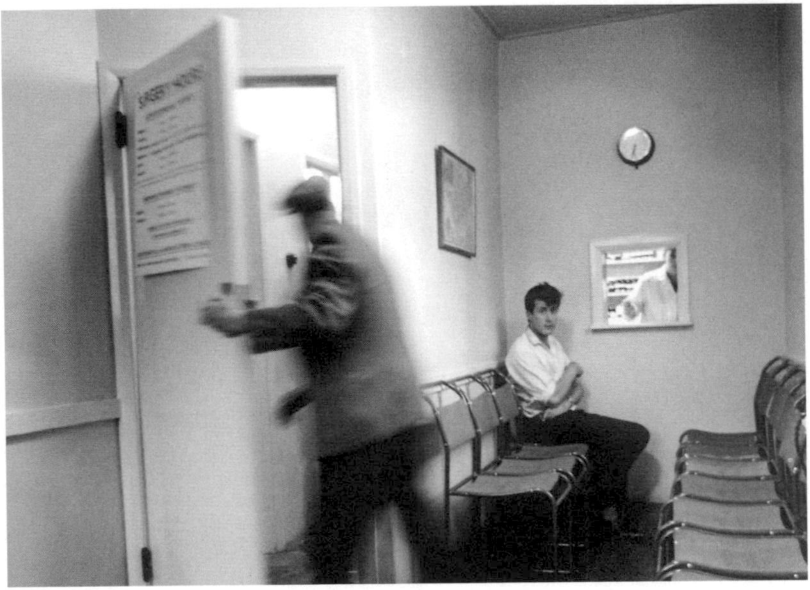

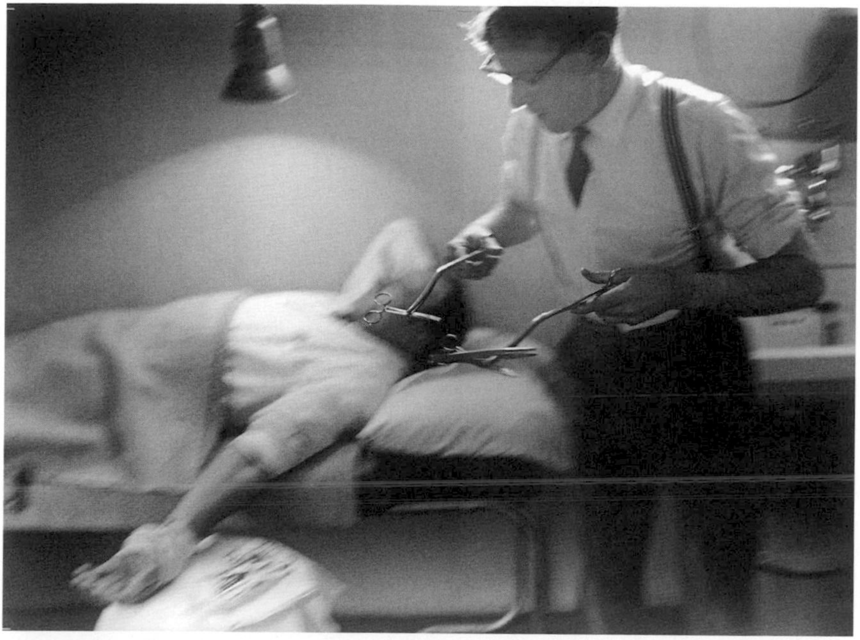

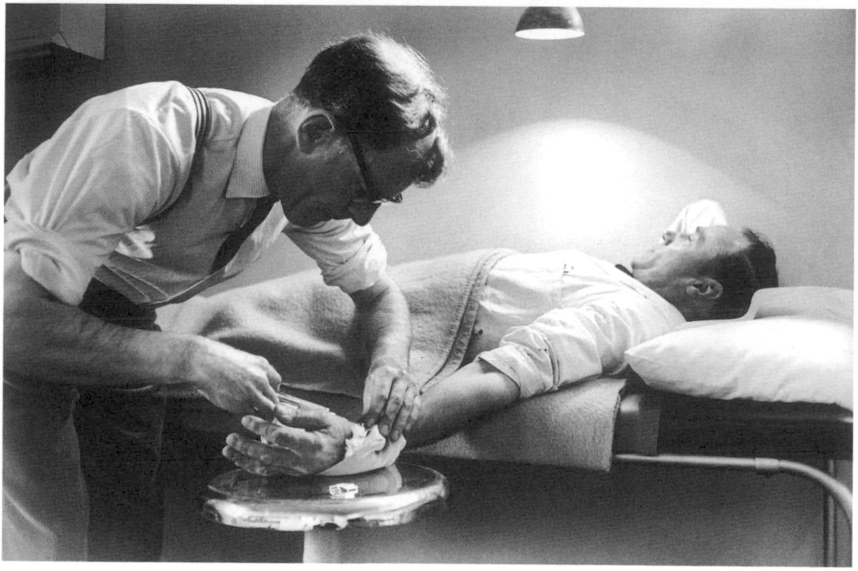

醫生對著電話微笑。然而，儘管幾乎不可能，但若硬要說的話，嗜睡有可能是糖尿病昏迷的初始症狀——由尿道感染所顯露的糖尿病。為了確認，他得做另一種血糖測試。

醫生在獾站過的大門前停下，俯瞰那片他們愛上的景色，然後他想起，她說這段話時，口氣比平常更強烈，唇齒音更鮮明。

「我們只有彼此。所以我們必須非常謹慎。生病時，我們要仔細照顧彼此，我們願意。」

診療室不太像冷冰冰的診所。感覺比較居家，比較舒適。但比大多數客廳整潔，空間雖小，卻頗有餘裕。這是工作區，患者在這裡接受檢查、治療或矯正。診療室讓人聯想到船艦上的軍官艙房。有著同樣的舒適，同樣的麻雀雖小五臟俱全，同樣的突兀並置，家具、私人用品與儀器設備全都擺在一起。

這一切，讓診床看起來宛如睡床。上面有兩條床單和一張電毯。每當病患約好時間，薩梭會提早十五分鐘打開電毯，萬一病患需要脫衣檢查，就不至於冷得發抖。他對細節有些究極。他個頭兒不高；病患的椅子比他自己位於桌旁的椅子低了六英寸，分毫不差。打針前他會說：「你只會覺得被輕輕拍了一下。」他的手往下，握著注射器，張開小指，在零點幾秒後將要戳針的位置，用掌側朝旁邊的皮膚輕彈一下，分散患者的注意力，讓他忽略針的刺痛。

診所設備異常齊全。有消毒用的烘乾設備，還有進行肌腱斷裂縫合、小型截肢手術、囊腫切除術、宮頸燒灼術和固定與移除小型骨折石膏所需的各種工具。有一部麻醉機，一張整骨治療台，一支乙狀結腸鏡。他說，他常常懊惱沒有自己的X光裝置，或自己的基礎細菌學設備。

如果可以，他總想要親自證明每件事。

有一次，他將注射器深深插入一名男子的胸膛。幾乎沒怎麼痛，但那名男子感覺很糟。男子試圖解釋他的不適感：「你戳針的地方是我的命門啊。」「我懂，」薩梭說：「我知道那是什麼感覺。我可以忍受別人在我眼睛周圍做任何事，但我不能忍受別人碰我那裡。我覺得那裡是我的命門，就在我的眼睛後面。」

小時候，薩梭深受康拉德（Conrad）著作的影響。相對於英格蘭中產階級岸上生活的無聊與自滿，康拉德提供了「無法想像」（unimaginable），他的工具是大海。然而，在這首獻詩中，沒有任何怯弱或無力；反之，只有粗野的、克制的、寡言的和貌似普通之人，才能面對「無法想像」。康拉德不斷出言警告的特質，卻也

正是他訴求的特質：想像的特質。彷彿大海就是這種矛盾的象徵。大海之所以吸引人，正是因為想像；但要面對大海無法想像的狂暴，迎接大海自身的挑戰，又必須放棄想像，因為想像會導致自我孤立與恐懼。

服務（service）的理念，解決了這種矛盾，並在解決的過程中，讓整個劇情超越平凡瑣碎的自我上進，提升到更高階、更高貴的層次。這種理念具有雙重意涵。「服務」代表了面對並迎接挑戰的少數優越者所尊重的一切傳統價值。這裡的尊重不僅是一種抽象原則，也是他們能有效發揮自身才華的前提。而與此同時，服務也代表了責任，少數永遠得為仰賴他們的多數負重前行——包括乘客、船員、商人、船東和掮客。

當然，我做了簡化。如果康拉德對海洋態度可以這樣總結，那他就不會是偉大的藝術家。不過，這樣的簡化有助於我們理解，為何康拉德會吸引薩梭這樣的男孩，他反抗自身的中產家庭背景，但又沒興趣當個波希米亞。他崇尚勇武。他享受實作和運用雙手。他好奇事物而非感覺。他和同一階級同一世代的許多男孩一樣，受到某個道德榜樣的理念所激勵，那個理念讓長輩們抱持的機會主義相形見絀。

事實上，十五歲時，他便立志要當醫生，而非水手。他父親是牙醫，他因此有機會在社交場合碰到醫生。十四歲時，他就經常泡在當地醫生的藥房裡；名義上是幫忙包藥瓶，其實是想偷聽隔壁房間的診療狀況。不過，醫生也可以充滿想像力，一如船長。

當時，薩梭對醫生的印象是：

「一個無所不知但看上去有些憔悴的男人。有一次，醫生在半夜時過來，我看得出來，他原本也已睡了——他的睡褲從外褲的褲管裡探出頭。但最重要的是，我記得他指揮若定，沉著冷靜，而其他所有人都大驚小怪，激動不已。」

可以拿這段話，與康拉德引介「白水仙號」[1]船長的文字做個比較：

> 艾利斯頓船長（Captain Allistoun）嚴肅認真，一條紅色舊圍巾裹著喉嚨，終日坐鎮於船尾。夜裡，他多次從伴隨的黑暗中起身，猶如墳上魅影，在星空下警戒不語，睡衣如旗幟飄揚——接著，無聲無息，再次沉下……他，這個小世界的統治者，很少從他位於船尾的奧林匹克山上下凡。在他下方，也就是說，在他腳下，凡人過著他們忙忙碌碌、微不足道的生活。

這兩個形象有著相同的權威感：無論睡褲或睡衣都無法減損的權威感。或者，也可想想康拉德在《颱風》（*Typhoon*）一書裡對某個狂暴時刻的描述。除了「疾風」（gale）一詞，下面這段話也可用來形容某次病危，只要將麥克沃爾船長（Captain MacWhirr）的聲音換成醫生的。

再一次，他聽到那個聲音，勉強而乏力地響起，但帶有寂靜穿透龐雜噪音的效果，彷彿是從疾風的黑色荒原之外某個遙遠的和平地點傳送過來；再一次，他聽到一個男子的聲音——單薄而不屈，可以承載無限的思想、決心和目的，可以在天堂殞落的最後末日發出自信的話語，正義得到伸張；再一次，他聽到那聲音，它正向他呼喊，彷彿來自很遠很遠的地方——「沒事了。」

薩梭就是從這類素材中，建構了他的責任理念。

戰爭期間，薩梭在海軍服役，擔任醫官。「那是我這輩子最快樂的時光，在希臘十二群島（Dodecanese）做一些大手術。我處理的都是真真切切的苦痛，而且整

1 譯注：「白水仙號」（Narcissus），康拉德小說《白水仙號上的黑傢伙》（*The Nigger of the Narcissus*）裡的那艘船。

體來說是成功的。」在羅德島（Rhodes），他教農民基礎醫學。他把自己當成救生員。他向自己證明了，他有技術，也有做決定的能力。而這份證明也伴隨著這樣的堅信：那些生活簡單的人，那些仰賴他的人，擁有他欠卻的特質和生活祕訣。因此，在他們面前懷抱權威的同時，他也能感覺到，自己是在為他們服務。

戰後，他結婚成家[2]，並選了一個偏鄉，在國民保健署（National Health Service）下執業，成為一位老醫生的資淺合夥人，老醫生在該區深受歡迎，但討厭看到血，而且相信醫學的奧祕就是信仰。這讓年輕的薩梭有了很多機會，可繼續執行救生員的工作。

他總是工作過度並以此為傲。大部分時間他都在出診——經常要跋涉田野，或帶著他的黑色工具箱與醫藥箱沿著森林小路行走。冬天時，他還得在雪地裡挖路。除了工具之外，他還會攜帶一盞噴燈，幫管線解凍。

他鮮少待在診所裡。他想像，自己是某種移動式單人醫院。他在廚房餐桌上開闌尾炎與疝氣手術。他在篷車中接生嬰兒。幾乎可以說，他是在搜找意外。

他原本對任何事情都沒耐心，除了緊急事故或重大疾病。當某人不停抱怨卻又沒有什麼危險症狀時，他會提醒自己，要有希臘農民的耐心，要照顧那些「真真切切感到苦痛」之人的需求，於是他建議患者，要多做運動，可能的話，在早餐之前洗個冷水澡。他只處理危急狀況，在這類狀況中，他是核心人物，或者，換個說法，在這類狀況中，病患被**簡化了**，簡化成病患身體對醫生的仰賴程度。他也將自己簡化了，因為他選擇的生活步調，讓他不可能也沒必要去檢視自己的動機。

幾年後，他開始改變。那時他三十五歲左右；在這個人生階段，並不像二十幾歲那樣能自發性地做自己，想要對自己誠實，就必須從第二個位置面對自我並做出評判。此外，他也看到病人的改變。緊急情況總是以無法改變的既定之姿現身。但

2 作者注：我不打算在這本書中談論薩梭妻兒的角色。我關注的重點是他的職業生涯。

由於他一直跟同一群人生活在一起，也因為他經常為了不同的緊急狀況被叫到同一棟村舍出診好幾次，於是，他終於開始留意人們的演變。三年前他治療過痲疹的女孩結婚了，她的第一個孩子也找他接生。一個沒有生過病的男子，開槍射穿了自己的腦袋。

某天，他被叫去一對領取年金的老人家裡。他們在森林裡住了三十年。關於他們，大家都沒什麼特別的事可說。他們每年都會去參加樂齡年度郊遊。週六晚上約莫八點，他們通常會去酒吧。很久以前，妻子曾在附近村莊的一棟大宅裡當過女傭。丈夫在鐵路局工作。丈夫說，他太太「下面流血」。

薩梭和她說了一會兒話，便請她脫下內衣，方便他檢查。他走進廚房，等她做好準備。丈夫焦慮地看著他，從壁爐上拿下時鐘拴緊發條。在他們這個年紀，如果妻子必須去醫院，可能就意味著他們的人生將步入終章。

醫生回到客廳時，妻子躺在軟榻上。她的長筒襪捲下，洋裝撩起。「她」是個男人。他幫她做檢查。問題是嚴重的痔瘡。醫生、那位丈夫和她，都沒提到不該出現在那裡的性器官。他們裝作沒看見。或者，應該說，他被迫接受他們，因為他們已經基於自身的理由這樣做了，他永遠不知道的理由。

他逐漸意識到，他的病人有可能改變。當他們漸漸習慣他之後，有時會向他坦承一些據他當時所學所知與醫學無關的事情。他開始對「危急」一詞有不同的看法。

他開始理解到，康拉德的船長努力與自身想像達成妥協的方式，並不適合他這個職位的醫生。康拉德的船長們絕口不談，只將他們的想像投射到當下面對的大海之上，彷彿大海是他們個人的理由，也是他們個人的仇敵。過去他就是這樣做的，他運用疾病與醫療危機，一如船長運用大海。但他開始理解到，他必須面對他的想像，甚至去探索他的想像。不能再像以往那樣，總把事情引導到「無法想像」的領域，不能像船長那樣，只盤算著大自然會如何暴虐——或者，以他的情況而言，不能只想著如何在鬼門關裡搶救。（陳腔濫調是傳達意象的必備品。）

他開始理解到，必須在每個層次上與想像共存：首先是他自身的想像，因為不這樣做，可能會扭曲他的觀察；然後是他病人的想像。

薩梭的年長夥伴去世了。他不得不花更多時間留在診所，聽病人訴說。他也必須找另一位醫生分擔他的業務。他決定將業務一分為二，如此一來，另一位醫生也能在他自身地區的自家診所裡執業。自此之後，雖然工作還是過度，但分給病患的平均時間加長了，他開始觀察自己與他人。

他開始閱讀——特別是佛洛伊德。他在自身能力可及範圍內，分析了自己的諸多性格，以及它們的往日根源。這是個痛苦的過程——佛洛伊德在探討他自身的自我分析時也曾說過。薩梭那些復甦的記憶，讓他在長達六個月左右的時間裡，變得性無能。於今回顧，他也說不清，究竟是由於他決定檢視那些被他以「無法想像」之名投射到外在世界的東西有何內在基礎，因而招致這個危機時期，還是因為他進入了危機時期，所以才決定要更仔細地觀看自我。無論是何者，這段時期都有些類似西伯利亞和非洲的「薩滿」或「巫醫」在蛻變成醫療專家之前，所經歷過的孤絕與危機階段。祖魯族有個名詞是用來形容這過程。他們說，「巫醫」受苦，因為神靈不讓他平靜，他變成「一棟夢之屋」（a house of dreams）。

薩梭蛻變後，依然是一位極端主義者。他將直白而年輕的極端主義，轉

換成複雜而成熟的極端主義：生死攸關的緊急狀況是為了提示我們，應該將病患當成完整之人予以治療，以及疾病經常是對自然風險的一種體現而非投降。

這是個危險地帶，因為很容易迷失在數不清的難以確定裡，很容易忘記或忽視所有的精準技術與訊息，然而正是這些技術與訊息，讓醫學進步到有時間與機會去追求這類提示。庸醫若不是江湖郎中，就是拒絕將自身的少數洞見連結到醫療知識體系的治療師。

薩梭享受這種危險。如今，安全思考就像在岸上安頓下來。「多年來，常識對我而言就是個髒話——除非是應用在非常實際的情況和極容易評估的問題之上。如果對象是人類，常識就是我的最大敵人，也是最具誘惑力的撒旦。它引誘我接受顯而易見、最簡便容易、最唾手可得的答案。我每次運用常識，幾乎都以失敗收場——天知道，我多常一而再、再而三地掉入它的陷阱。」

薩梭現在每週都會詳細閱讀三種主要醫學期刊，還會時不時去醫院上進修課程。他努力讓自己接收到最新知識。但他的滿足感，主要來自於先前的知識無法精準說明的一些案例，因為這些案例取決於病患獨特的人格發展。他試著在這些人的孤寂中陪伴他們。

他是公認的好醫生。他的有條不紊，他提供的設施，以及他的診療與臨床技術，可能有點被低估。他的

病患或許不知道，他們有多幸運。但在某種意義上，這是不可避免的。只有最自覺的人，才會把他們的基本需求得到滿足視為一種幸運。人們是根據非常基本的標準，評判他是個好醫生。

他們會說，他為人正直，不辭辛勞，容易交談，不會冷漠，親切和藹，善解人意，善於傾聽，需要時總是願意挺身而出，非常縝密。他們也會說，他喜怒無常，講到某些理論話題時很難理解，比方性這個話題，他有能力做一些令人震驚、與眾不同的事。

身為一名醫生，如何實際回應病人的需求，遠比上面這些形容詞所暗示的要複雜許多。要理解這點，首先必須把醫病關係的特殊性和深入性考慮進去。

最早期的醫療人員，往往也兼具牧師、巫師或法官的身分，他們是第一批無須為部落張羅食物的專業人士。這種特權的等級之高，以及它所賦予的權力之大，直接反映出他們所服務的需求有多重要。對疾病的知覺，是人類為自我意識所付出的第一項代價，且至今仍在支付。這種知覺會放大痛苦或病殘的程度。但由此產生的自我意識是一種社會現象，於是這種自我意識也帶來治療與醫學的可能性。[3]

我們無法憑藉想像，重新建構一位部落居民對於自身接受的治療有何主觀態度。但在我們今日的文化中，我們自己的態度又是什麼？我們如何取得必要的信賴

3 作者注：關於早期醫療的哲學意涵，請參見下列書籍前兩卷：Henry Sigerist's *History of Medicine*: vol. I, *Primitive and Archaic Medicine* (New York: o. u. p., 1951); vol. 2, *Early Greek, Hindu, and Persian Medicine* (New York: o. u. p., 1961)。

感，將自己交給醫生？

我們讓醫生觸碰我們的身體。除了醫生之外，在自願的情況下，這類接觸我們只保留給戀人——有許多人甚至連戀人的觸摸都害怕。但醫生明明是一個相對而言的陌生人。

所有的醫學倫理（不僅我們西方的）都嚴格區分醫生與戀人的角色，凸顯出醫病關係所隱含的親密程度。一般認為，這是因為醫生可以看到女性裸體，可以觸碰他想碰的地方，醫生可能會禁不起如此強烈的誘惑，而與女病人做愛。這是個粗糙的假設，缺乏想像力。畢竟，當醫生覺得有必要檢查病人時，當下的情況總會令人提不起「性」致。

醫學倫理特別強調與性相關的正確做法，與其說是要限制醫生，不如說是要向病患提出保證，而且不僅是保證男女病患不會被占便宜。這是一項積極的保證，保證身體上的親密不帶有絲毫性基礎。那麼，這樣的親密還能意味什麼？毫無疑問，

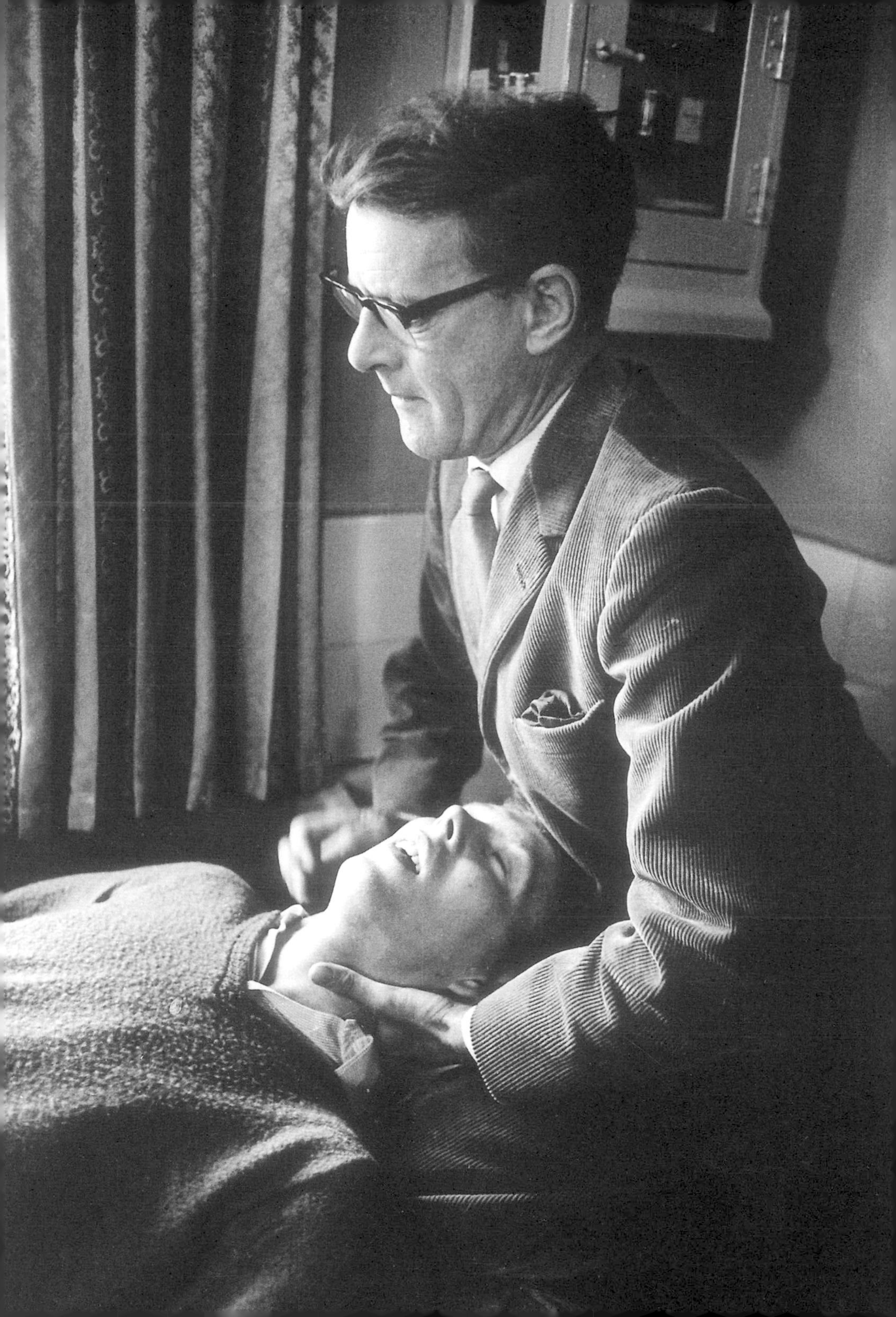

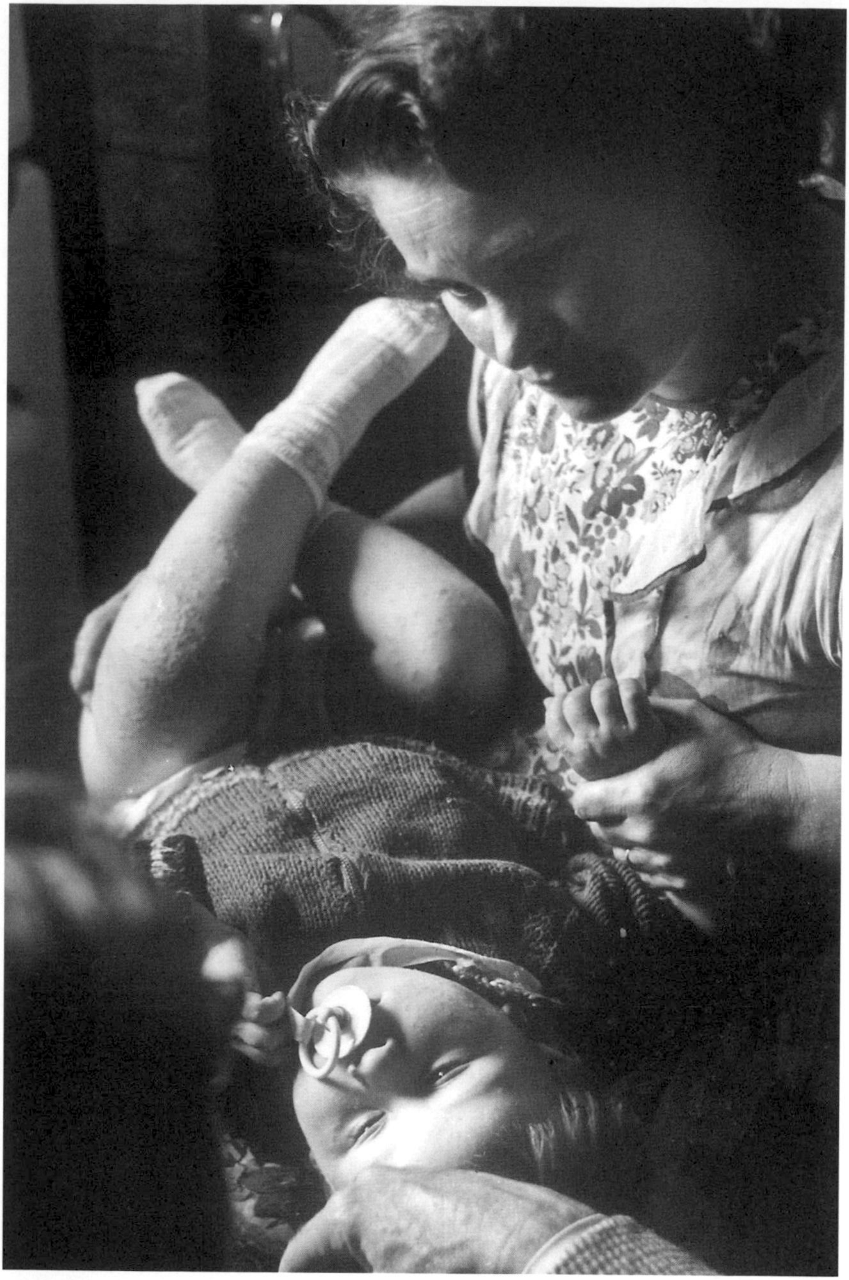

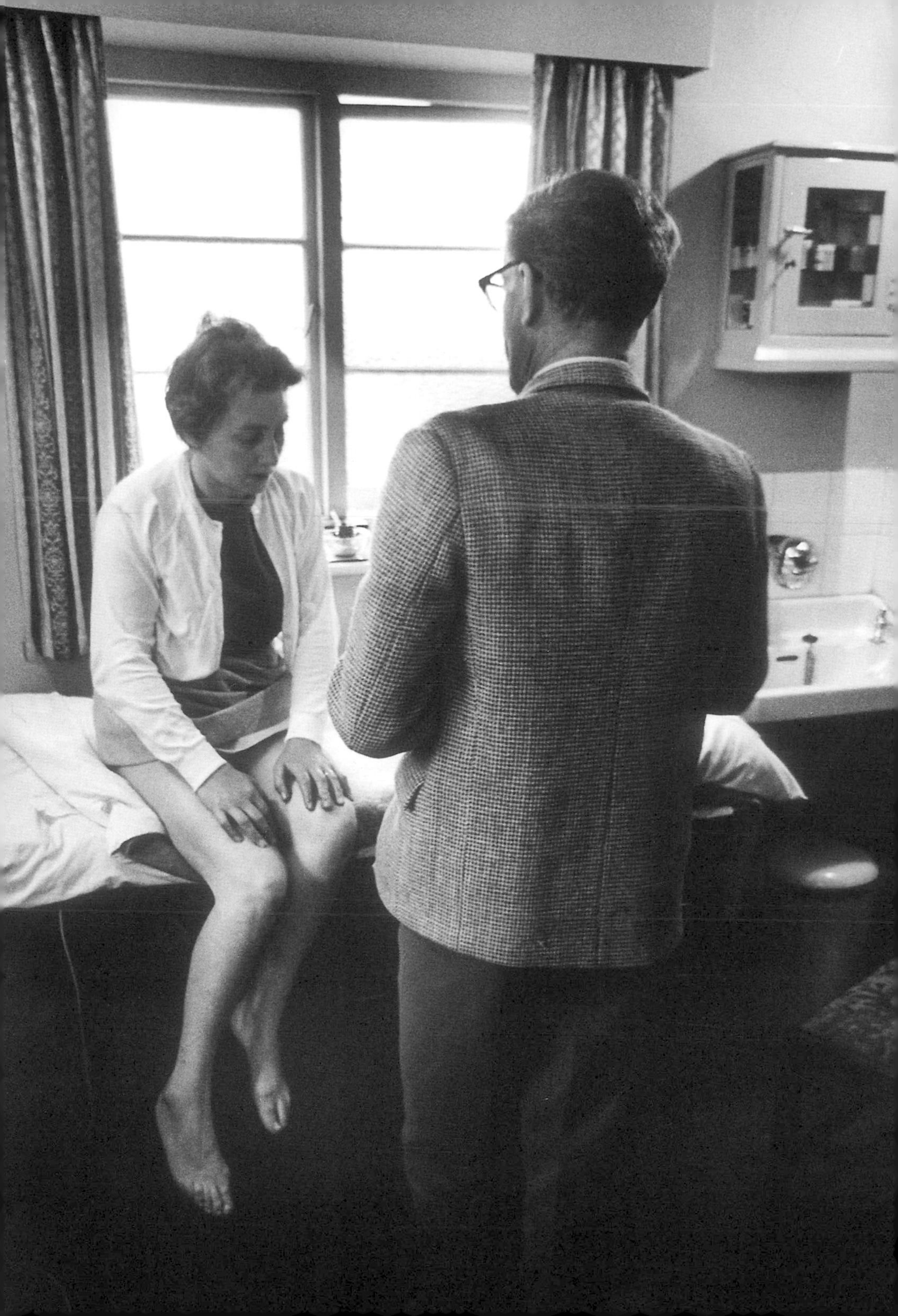

這樣的親密屬於童年經驗。我們把自己放入一種童年狀態，同時擴大我們的家庭感，把醫生也包含進來，藉此讓自己遵從於醫生。我們把他想像成家庭的榮譽成員。

如果患者特別依戀父母，醫生可能會成為父母的替身。但是，在這樣的關係下，與「性」高度相關的內容，可能會造成困難。在疾病中，最理想的情況，是將醫生想像成哥哥或姊姊。

類似的情況也發生在死亡時。醫生熟悉死亡。當我們呼叫醫生時，我們求助他治療並紓解我們的苦痛，但是，當他無法治療時，我們也求助他見證我們的死亡。請他見證的價值在於，他看過其他許多人死亡。（這也曾經是神職人員真正的價值所在，而非祈禱或主持告別式。）他是我們與眾多死者之間的活媒介。他屬於我們，也曾經屬於死者他們。他們透過他提供冷硬但真實的慰藉，而這種慰藉，依然是手足情誼的慰藉。

若將我剛才所說的內容「正常化」，並據此做出結論，說病人想要一位友好的

（friendly）醫生是很自然的事，那將是大錯特錯。病人的希望與需求，無論與先前的經驗有多矛盾，無論多受到懷疑主義的保護，也無論多祕而不宣甚至對自己也不曾說出口，卻是比自然本能深刻許多，也明確許多。

人在生病時，許多關係連結都斷了。疾病使人隔離，助長了扭曲碎裂的自我意識。醫生必須透過他與病人的關係，以及他得到允准的特殊親密地位，來彌補這些斷掉的連結，重新肯定病人日益惡化的自我意識仍有其社會意涵。

當我提到手足之情時，或說得更精準一點，當我提到病人對手足之愛無以名狀的深刻期待時，我的意思當然不是醫生可以或應該表現得如同真正的兄長。病人對醫生的要求是，他應該像個理想的兄長，以確定無疑的態度去肯認（recognize）他的病人。手足之愛的功能，就是肯認。

在身體與心理層次上，都需要這種屬於個人且近乎親密的肯認。就身體而言，它構成診斷的藝術。優秀的全科診療師之所以罕見，並非大多數醫生缺乏醫學知識，而是因為大多數醫生無法吸收所有可能的相關事實——除了身體的，還有情緒的、歷史的和環境的。醫生尋找特定的病況，而非病人的真實故事以及隨之透露出來的種種狀況。說不定用電腦診斷，會比醫生更好更快。但是餵進電腦裡的事實，終究還是得來自於對病患這個人的親密肯認。

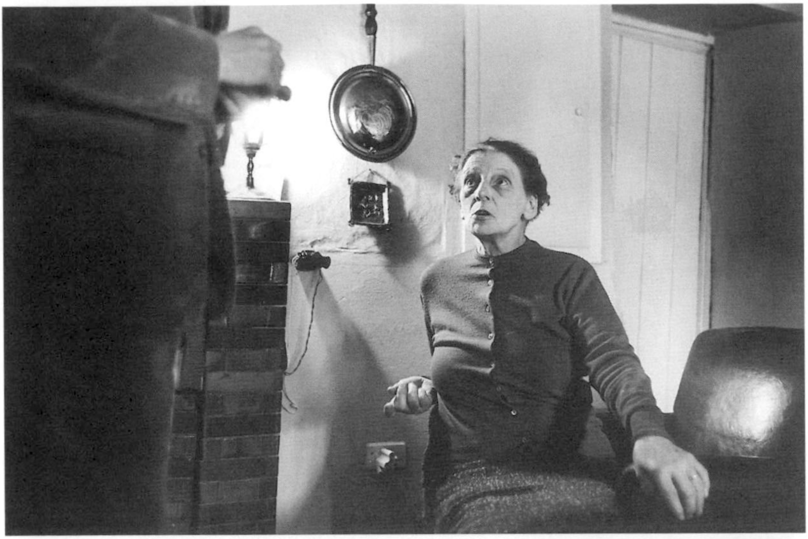

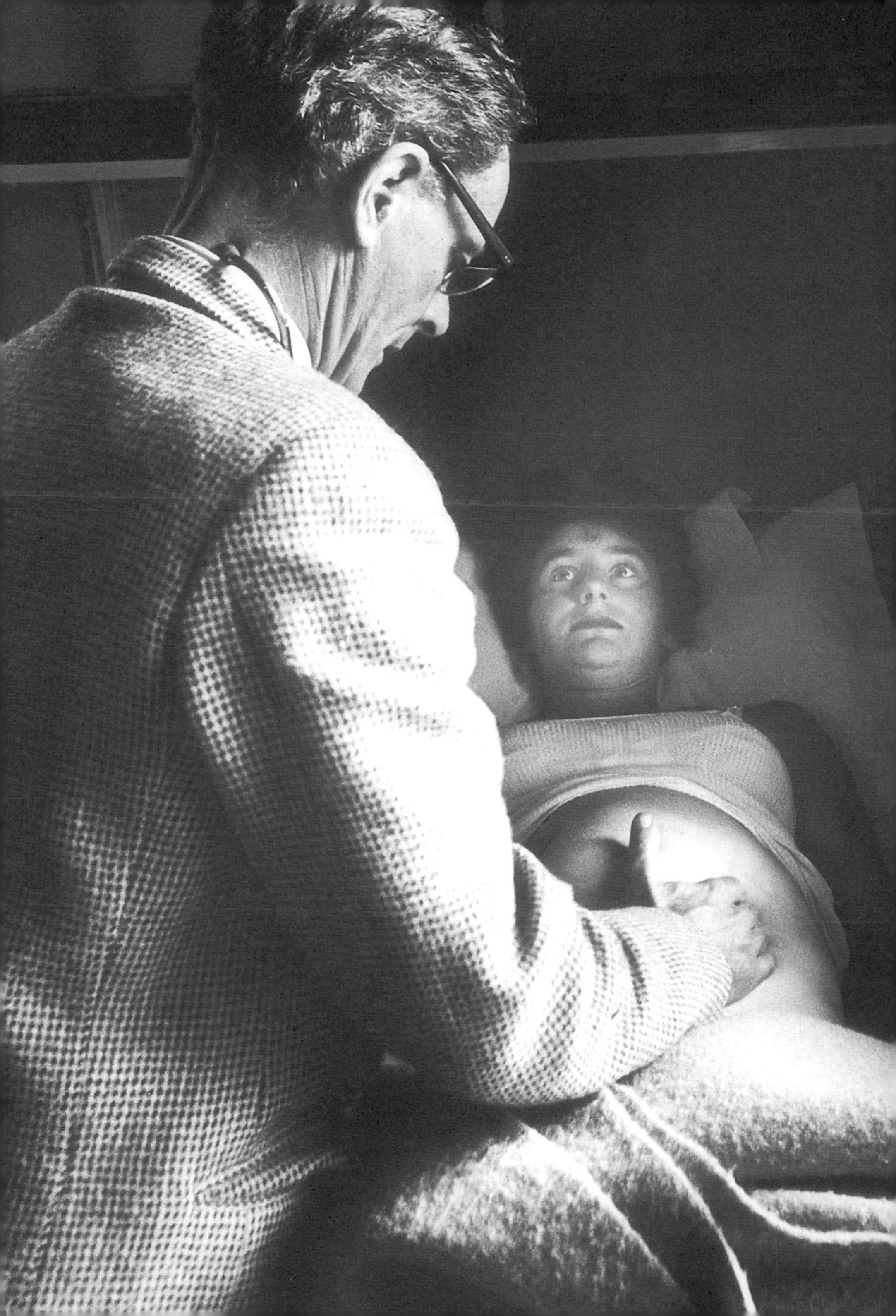

在心理層次上，肯認意味著支持。我們一旦生病，就會害怕自己的病是獨一無二的。我們告訴自己要理性面對，但恐懼的鬼魂依然縈繞，而且理由充分。疾病，作為一種無法界定的力量，可能威脅到我們的存在，而我們對於自身存在的獨特性，必然具有高度意識。換句話說，疾病分享了我們自身的獨特性。因為害怕疾病的威脅，於是我們擁抱疾病，讓它專屬於我們。正因如此，當醫生對病人的抱怨給出一個病名時，病人會感到異常寬慰。那個病名對病人可能意義不大，病人對病名的意涵也可能一無所知，但因為那個病有個名字，它就有了獨立於病人的存在。現在，他們可以對抗它或抱怨它。讓抱怨得到肯認，也就是說，為抱怨做出定義、界限和去個人化，可使病人變強大。

這整個過程，因為包含了醫生與病人，所以是辯證性的。醫生為了全面肯認該疾病——我用「全面」一詞，是因為這種肯認必須能指出具體的治療方式——首先必須肯認病患是一個「個人」；但對病人而言，假定他信任醫生，而這份信任最終是取決於醫生能有效治療他的疾病，那麼醫生對他疾病的肯認是有幫助的，因為這種肯認可將該疾病與他自身分開並去個人化。[4]

到目前為止，我們討論的是這個問題最簡單的層次，亦即假定疾病是降臨到病人身上的某種東西。我們忽略掉不快樂在疾病中扮演的角色，忽略掉那些情緒或心煩意亂的因素。根據全科醫生（G.P., General Practice）估計，他們的案例中實際取決於這類情緒因素的比例，從百分之五到三十不等。這樣的數字落差，或許是因為並沒有快速的方法可區分何為因、何為果，也或許是因為幾乎**所有**案例都有某種情緒壓力存在，必須處理。

大多數的不快樂就跟疾病一樣，也會加劇獨一無二的感覺。所有挫折都會放大自身的差異性，藉此滋養自我。客觀說，這是不合邏輯的，因為在我們的社會裡，挫折遠比稱心如意常見，不快樂也遠比心滿意足尋常。但這不是客觀比較的問題。這是在外部世界找不到東西可肯定自我的問題。缺乏肯定會滋生出徒勞之感。而這種徒勞之感，正是寂寞的本質，因為，儘管歷史有諸多恐怖，但其他人的存在總是代表目標有可能實現。任何榜樣都能提供希望。但若堅信自身的存在獨一無二，則會摧毀掉所有榜樣。

不快樂的患者去找醫生，請醫生給他一種病——他希望，至少他的這個部分（疾病）可以得到肯認。他認為，他的真切自我是不可知的。在世界看來，他誰也不是；在他自身看來，世界什麼也不是。很顯然，醫生的任務就是去肯認這個人——除非醫生只接受疾病的字面意義，並順帶保證自己會有個「難搞的」病人。如果這位患者能開始感覺到肯認，而且這樣的肯認還能深入到連他自己都不曾認知到的某些性格面，那麼他的不快樂，那種絕望的本質，就會被改變，他甚至有機會快

4 作者注：關於這個主題的全面研究，參見米蓋・巴林特（Michael Balint）的傑作：*The Doctor, His Patient and The Illness* (London: Pitman, 1964)。

樂起來。

我很清楚，在這裡，我用「肯認」一詞涵蓋了心理治療的一整套複雜技術，但本質上，這些技術正是推進這種肯認過程的手段。醫生要如何著手，讓一個不快樂的人感覺被肯認？

直截了當的正面問候，收效甚微。病患的名字已經毫無意義，它變成一堵牆，隱藏了正在牆後獨家上演的一切。為他的不快樂命名也沒什麼用——就跟疾病一樣。「沮喪」一詞對沮喪者能有什麼意義呢？頂多也就是病患自身的回音。

肯認必須是間接的，斜向的。在不快樂之人的預期裡，自己會被當成具有某些症狀的無名小卒。而身為無名小卒的狀態，又會弔詭且苦澀地確認他的獨一感。必須打破這種循環。醫生可做到這點，方法是讓病患覺得自己跟醫生有相似之處。這需要醫生具備真正的想像力與精準的自知之明。儘管病患的自我意識很嚴重，但必須讓他有機會在醫生身上辨識出自身的一些面向，而且要讓醫生看起來像是「普通人」。這種機會很少來自某一次的交流，多半是拜整體氛圍之賜，而非說了某句特別的話。隨著病患的信心增加，肯認的過程也變得益發微妙。在治療階段後期，因為醫生能接受病人告訴他的內容，而當醫生建議病人如何將生命中的不同部分組合起來時，病人也能正確領略醫生的意思，於是病人相信，他和醫生以及其他人有相似之處，因為無論他說了什麼和他自己有關的事，和他的恐懼或他的狂想有關的事，這些內容對醫生而言似乎都很熟悉，至少跟他自己一樣熟悉。他不再是個例外。他可以被肯認。這就是治療或適應的先決條件。

現在，我們可以回到最初的問題。薩梭何以被公認是個好醫生？因為他的醫術高超？這似乎就是答案。但我懷疑。你必須是個糟糕透頂的醫生，而且犯過許多錯誤，治療結果才會對你不利。畢竟在外行人眼中，治療結果通常都是對醫生有利。不，薩梭被公認為好醫生，是因為他滿足病人對手足之愛無以名狀的深刻期待。薩梭肯認他們。有時他會失敗，通常是因為他錯失掉某個關鍵機會，而病人壓抑的怨恨變得難以突破，但是在他身上，有一股努力想要肯認他人的堅定意志。

「門開了，」他說：「有時我感覺置身在死亡之谷。但開始工作我就沒事了。我試著克服這種膽怯，因為對病患而言，第一次接觸非常重要。如果病患覺得自己被怠慢或不受歡迎，可能得花上很長一段時間才能贏回他的信任，也或許永遠都贏不回。我試著給他全然開放的問候。在我這個位置，所有的不自信都是一種過錯。是一種疏失。」

當他與病患說話或聆聽他們講述時，彷彿也在用手撫觸他們，減少誤解的可能；當他為病患檢查身體時，彷彿也在與他們交談。

薩梭需要以這種方式工作。他治療他人，也是在治療自己。這句話通常就是個老掉牙的結論。但此刻，我們可以用薩梭這個特殊案例，來理解其中的過程。

以前，薩梭取得的掌控感，是來自他處理緊急狀況的技巧。可能出現的併發症，似乎都會在他的專業領域內發展，都是些醫學上的併發症。他依然是核心主角。

如今，病患才是核心主角。他試著肯認每位病患，並在肯認之後，試著為他樹立一個榜樣——不是道德標竿的榜樣，而是病人可以肯認自我的榜樣。由於我們現在要處理的主題，並非複雜的平均案例，而是薩梭的動機，因此可以將這種做法歸結為一句話：他為了「改善」病患而「變成」每個病患。他藉由向病患提供自身的榜樣來「變成」病患。他藉由治療或至少減輕病患的痛苦來「改善」病患。病患一個接著一個，但他還是同樣那個他，所以效果逐漸在他身上累積。如今他的掌控感，是由追求**全方位**的理念所滋養。

全人（universal man）的理念由來已久。雖然希臘民主是建立在奴隸制度上，但全人卻是希臘民主的運作理念。它在文藝復興時期再次甦醒，並在某些人身上化為現實。它是十八世紀啟蒙主義的原則之一，並在法國大革命後延續下來，至少是歌德（Goethe）、馬克思與黑格爾嚮往的願景。全人的敵手是分工。到了十九世紀中葉，資本主義社會的分工現象，不僅摧毀了一個人擁有眾多角色的可能性，它甚至否認人有一個角色，譴責人不願成為機械過程的一部分。難怪康拉德認為，「上帝的真實所在，從距離最近土地一千英里外的地方開始」，人們在那裡才可以充分證明自己。然而，全人的理念持續不輟。它可能隱含在自動化及其帶來的長時間休閒裡。

因此，薩梭對全人的追求，不該被貶斥為純粹的個人自大狂。他對與自身想像同步的經驗，對那些尚未被壓抑的經驗，抱有如飢似渴的興趣。然而在我們的社會裡，對新經驗的這類渴求不可能得到滿足，正是這樣的認知，扼殺掉大多數三十歲以上之人的想像力。

薩梭是個幸運的例外，正是這點，讓他的心靈比實際歲數年輕許多——儘管未表現在外貌上。他有些地方表面看起來還像個學生。例如，他很樂意穿上不同活動的「制服」，而且會穿得一派儒閒，像個校園老前輩：冬季在田裡工作時，穿毛衣加絨線帽；帶狗狗外出打獵時，戴獵鹿帽加繫帶緊身皮褲；參加葬禮時，手持雨傘頭戴捲邊氈帽。當他在公共會議上必須閱讀筆記時，他會故意壓低眼鏡往下看，一副校長模樣。如果你在他地盤之外的某個中性場所裡碰到他，又正巧他還沒開口講話，可能有那麼一瞬間，你會以為他是個演員。

他或許真能當個演員。以這種方式，他也可以扮演許多角色。想要將自我繁殖成多個自我，最初或許是因為愛現。但對現在身為醫生的薩梭而言，他的動機徹底轉化了。他可以不要有觀眾。只有他能評判自己的「演出」。他今日的動機是知識，幾乎就是浮士德式的知識。

英國詩人布朗寧（Browning）在談論帕拉塞爾蘇斯[5]的詩作中，描述了追求知

5 譯注：帕拉塞爾蘇斯（Paracelsus, 1493-1541），北方文藝復興時期蘇黎世的醫生、煉金術士和占星師。

識的熱情——帕拉塞爾蘇斯的生平，就是日後匯聚成浮士德傳說的支流之一。

我無法以美為食，只因
那是美，也無法以迷人之物的香脂為飲，
只因它們迷人；
我的本性無法失去她的最初印記；
我依然會裝載、堆積和分類所有真理
懷著無可告人之目的：我必須知曉！
上帝是否將我轉至祂的寶座，相信
我只聽命於祂
為了實現我的目標！

薩梭不同於帕拉塞爾蘇斯，他既非神智學者，也非占星家；他更相信科學，勝過醫療的藝術。

「當人們談論醫生是藝術家時，幾乎總是由於社會有缺陷。在一個比較好的社會裡，一個比較公正的社會裡，醫生會更接近純科學家。」

或者：

「人類境況的悲劇本質在於不知曉。不知曉我們是什麼，或我們為何如此——這是**當然**。但這並不會讓我走向宗教。宗教沒有答案。」

不過，這裡凸顯的差異，主要是和歷史有關。在帕拉塞爾蘇斯的時代，人們認為疾病是上帝的懲罰；然而疾病作為一種警告卻是受歡迎的，因為疾病有時盡，地獄卻是無絕期。受苦是俗世生活的條件；唯一的真正解脫是來世。在中世紀的藝術裡，動物與人類的描繪方式有個鮮明對比。動物可自由展現本性，有時可怕，有時美麗。人類卻是克制的，憂慮的。動物歡慶當下。人類全在等待——等待最後的審判決定他們的不朽。有時你會覺得，有些藝術家似乎羨慕動物會死；死亡伴隨著脫離封閉系統的自由，那個封閉系統讓現世生活縮減成一種隱喻。當時的醫學，儘管價值不高，也是隱喻性的。當屍體解剖將蓋倫[6]醫學的錯誤攤在眼前時，這些證據卻被貶斥為意外或例外。這就是該系統的隱喻力量——任何醫藥科學都不可能，也無濟於事。當時的醫學是神學的分支。難怪出身於這樣一個系統並在後來以獨立觀察之名挑戰該系統的帕拉塞爾蘇斯，有時會訴諸高深難解的玄言祕語！部分是為了提升信心，部分也是為了保護自己。

當然，我並非暗示，薩梭可類比為不同歷史時代的帕拉塞爾蘇斯。但我的確懷疑，他們兩人屬於同一個職業傳統。有些醫生是職人，是政治家，是實驗室研究員，是仁慈的使者，是商人，是催眠術士，等等。但也有些醫生，一如有些船長，想要經驗一切可能之事，他們是受到好奇驅使。但「好奇」（curiosity）一詞太輕太小，而「探究精神」又太機構化。驅使他們的力量，是對「知」的需求。病人是他

6 譯注：蓋倫（Galen），古羅馬醫學家，支配歐洲醫學長達千年之久。

們的素材。然而正是基於這個原因，病患的一切對這類醫生而言是神聖的，勝過對其他任何類別的任何醫生。

當病人向薩梭陳述他們的症狀或憂慮時，他不會點頭或喃喃說「是」，而會一次又一次地說：「我知道」、「我知道」。語氣帶著真心誠意的同理心。然而，他一邊說著「我知道」，一邊卻等著知道更多。他已經知道，罹患某種症狀的這位病人約莫會是什麼樣子，但他還不知道這個症狀的完整解釋，也不知道自己的能力能做到什麼限度。

事實上，對於這些開放性問題，沒有任何答案能滿足他。某部分的他總是等著知道更多——在每一次的手術，每一次的出診，每一次的電話鈴響。就像沒有得到魔鬼幫助的浮士德，他經常感受到反高潮的失望之苦。

正因如此，他在講述與自身相關的故事時，會誇大其辭。在這些故事裡，他幾乎總是處於一種荒謬的位置；試圖在海浪席捲時於甲板上拍電影；迷失在一座他不認識的城市；聽任手上的氣鑽失去控制。他強調除魅，刻意讓自己變成一個喜劇小人物。以這種方式偽裝並預先做好準備對抗失望，他就能帶著與喜劇全然無關的目的再次趨近現實，進一步掌握它，理解它。你可以從他兩眼的不同表情看出這點：他的右眼知道會發生什麼，它可以笑，可以同情，可以嚴厲，可以自嘲，可以瞄準目標；他的左眼則幾乎不曾停止思考和搜尋杳渺的證據。

我說幾乎不曾，但有一個例外：當他忙於某個相對小型的手術時。他可能會在診所處理骨折，或在當地醫院救治他的病患。碰到這類時候，他的雙眼都會集中在手邊的任務上，臉上則露出如釋重負的神色。當他脫下外套，捲起袖子，清洗雙手，戴上手套或口罩，這種放鬆就會顯而易見。彷彿他的腦袋一掃而淨（因此鬆了一口氣），以便全神貫注於手上的有限操作。有那麼一刻，有一種確定感存在。這工作可以做得很好或很糟，兩者的差別無可爭辯，必須做好。

我在一名農夫臉上看過類似的神情，他住的地方離薩梭只有幾英里。這位農夫沉迷於飛行，擁有一架六汽缸敞式座艙的捷克飛機。他的農場不大，也沒特別豐饒。他也不是仕紳階級。他獨自生活，熱愛速度。他把飛機停在他某塊田地裡的一棵橡樹下。我們把羊趕到田的另一頭，我轉動螺旋槳，他和尚．摩爾坐定，引擎熱了之後，他示意我放開翼尖——我正抓著它，因為飛機沒有煞車。而就在那一刻，就在他們起飛之前，雖然有陣風吹過，田地簡陋，而且起飛動作很容易陷入麻煩，但我清清楚楚地看到，農夫未刮鬍子、厚實粗短的中年臉龐上，閃過同樣的如釋重負。那一刻，問題只剩下空氣動力學和一具小型內燃機的功能，至於其他問題，像是價格、抵押貸款、週一市集、人際關係、名聲等等，全都在瞬間拋諸腦後。

農夫與薩梭的差別在於，農夫想把一輩子都用來飛行與滑翔——或總之他相信他會這樣；而薩梭需要他對確定性的無止境追求，以及他對無限責任的不安感。

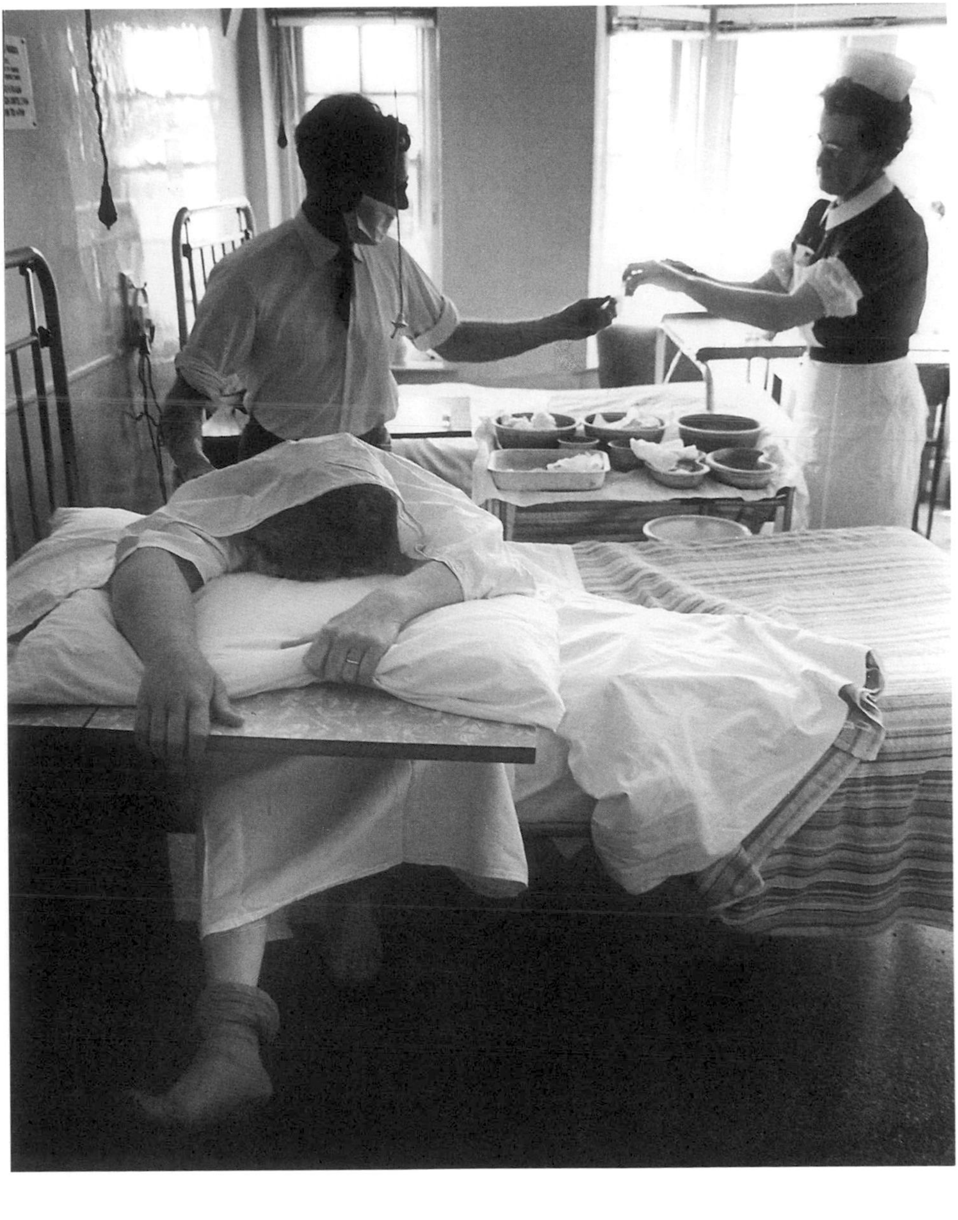

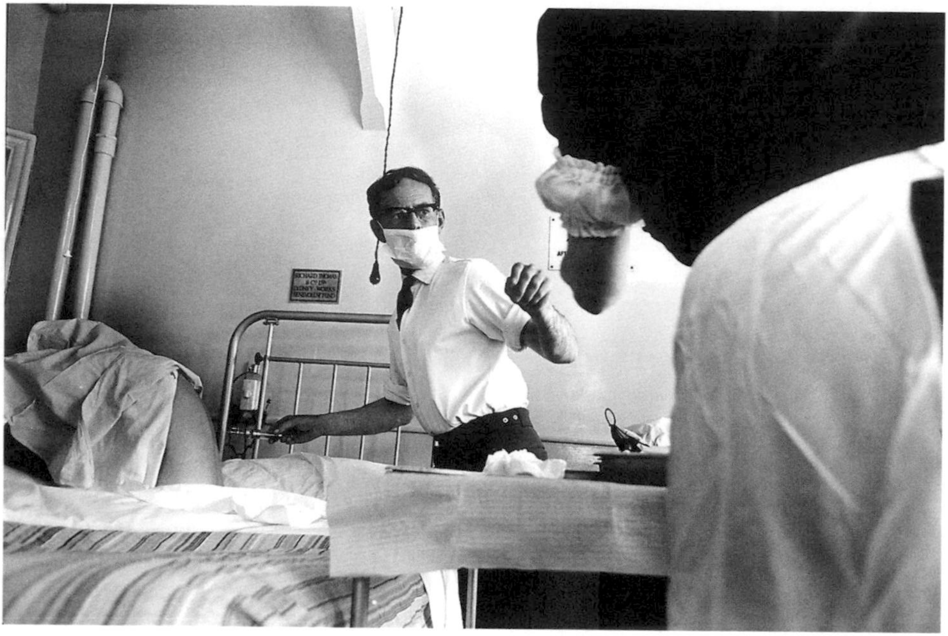

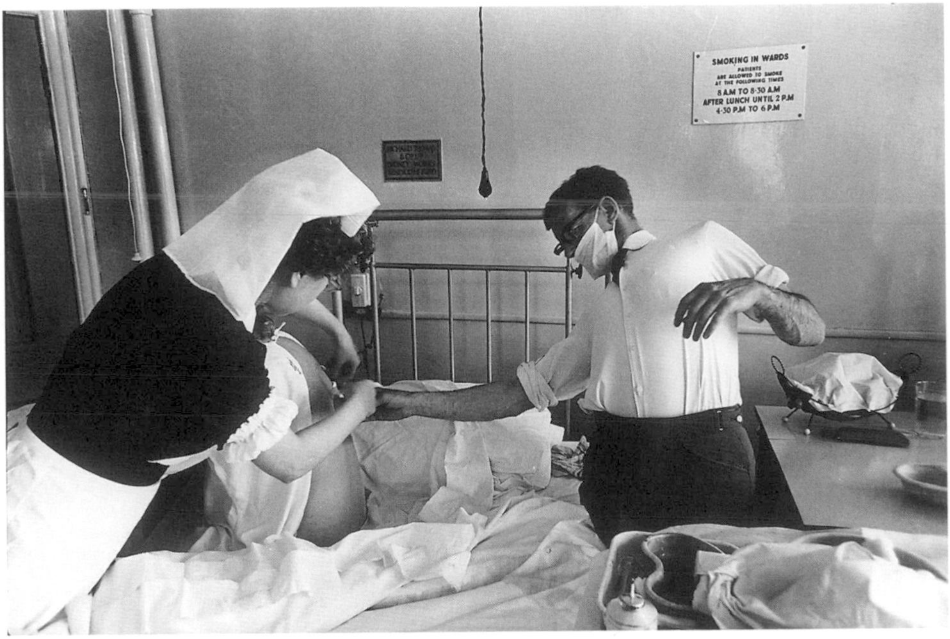
SMOKING IN WARDS
PATIENTS
ARE ALLOWED TO SMOKE
AT THE FOLLOWING TIMES
8 A.M TO 8-30 A.M
AFTER LUNCH UNTIL 2 P.M
4-30 P.M TO 6 P.M

到目前為止，我試著描述薩梭與其病患的某些關係。試著說明，為何他是個公認的好醫生，以及當個「好醫生」如何回應了他自身的某些需求。我透露了他藉由治療他人來治療自己的某些技巧。但上述這些，始終是建立在個人的基礎上。現在，我們必須思考他與在地社群的整體關係。當他的病患沒生病時，他們對他有哪些公領域的期望？而這種期望，又與他們在生病的私領域中幾乎難以名狀的手足期望有何關聯？

薩梭住的房子，在村裡算是比較大的。他穿著講究。他開路華去看病，還有另一輛車供他私人使用。他的孩子念當地的文法學校。毫無疑問，就各方面而言，他分配到的角色都是**仕紳**。

整體而言，這個地區經濟蕭條。只有一些大農場，沒有大規模的產業。務農之人不到一半。多數人是在小作坊、採石場、一家木材加工廠、一家果醬工廠和一家磚廠裡謀生。他們構成的社區，既非無產階級的社區，也非傳統的農村社區。他們屬於「森林」，而且在鄰近地區，他們總是被稱為「森林人」（the foresters）。他們多疑、獨立、強悍、教育程度低，屬於英國國教低教會派[7]。他們的某些性格與以往修補匠之類的遊方商販有關。

薩梭盡了最大努力，將分配給他的仕紳角色做了部分調整，並取得部分成功。他幾乎沒自身的社交生活——除了村子裡的村民。他最能意識到自身階級背景的時刻，就是他和少數幾位中產階級鄰居談話時。因為他們在言談舉止中理所當然地認為，薩梭和他們有著同樣的偏見。跟「森林人」在一起時，他似乎像個外人，他順應要求，變成他們自身的記錄員。

---

7 譯注：低教會派（low church），比較不注重教會儀式而較傾向福音傳播。

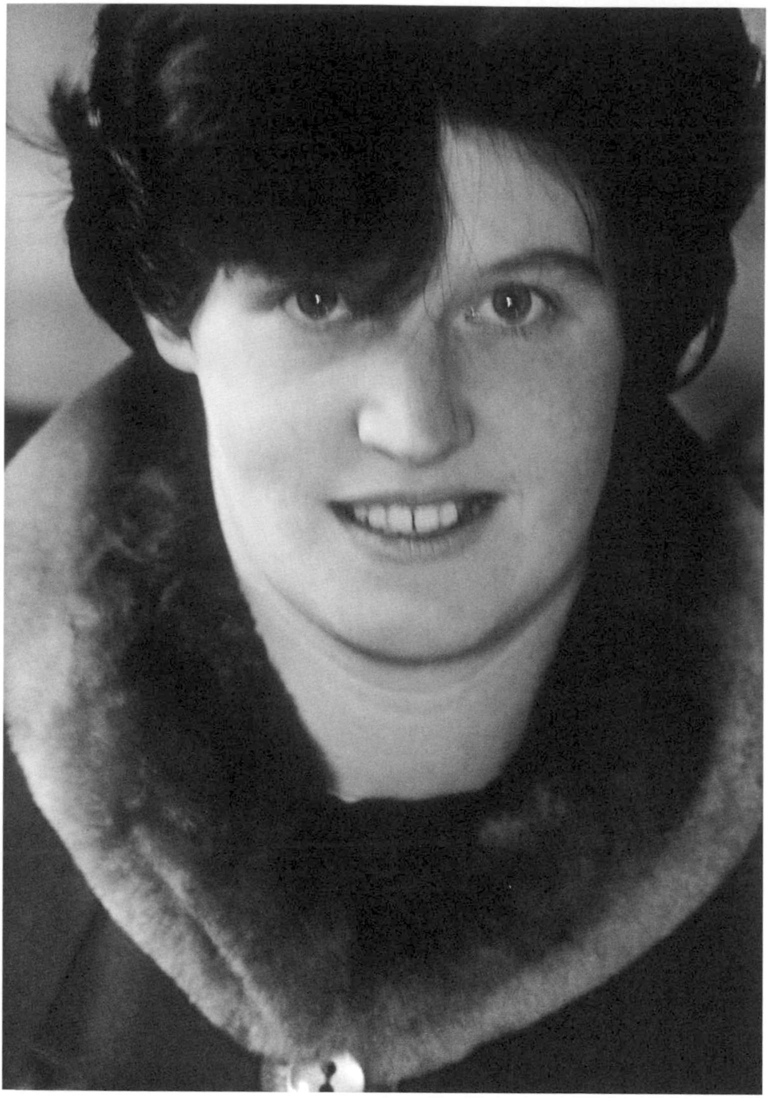

讓我試著解釋一下，「森林人的記錄員」是什麼意思？

「醫生，你與眾不同的地方是，我知道如果我想要的話，我可以當著你的面說『操！』」不過，講這句話的人，從沒對著薩梭說「操」。

「妳是我見過最懶惰的婊子。」薩梭對一名中年女布商說，讓她開心不已。不過，只有他能跟她這樣說。

「你們今天有些什麼？」他在一家工廠食堂詢問菜色。

「你想要從上面開始，」櫃檯的女孩指著自己的胸部回答：「或是從下面？」她邊說邊將裙子撩高。不過，她知道跟這位醫生講這類話是安全的。

薩梭在很大的程度上，解放了他自己以及他在病患眼中的形象，掙脫了社會禮儀的傳統慣例。他的方法是讓自己變得不合常規。然而，這位不合常規的醫生卻是一位傳統人物。薩梭或許有些不同的地方是，傳統上，只有醫生可以不合常規地咒罵和嚇唬他的病人，而非反過來。但薩梭希望，誰都可以對他暢所欲言。但若真是那樣，反倒是在肯定而非否認他的優越地位。因為你無法對地位相同之人暢所欲言，你非常清楚他們能夠容忍的形式與範圍。正因如此，理論上誰都可以對薩梭暢所欲言這點，反而暗示了他擁有某種權威，擁有特殊的「豁免地位」。實際上，無論他在公開場合對別人說了什麼不合常規之語，或別人對他說了什麼不合常規之語，都只是一種對抗的姿態，企圖否認他的權威是來自於社會權威的支撐。他要求病人給他這種形式的個人肯認，用以交換他提供給他們的、截然不同的肯認。

村子裡有一座中世紀城堡，四周環繞著又寬又深的護城河。這條護城河被當成某種非正式的垃圾堆，長滿了樹木、灌木、雜草，堆滿了石頭、舊木、淤泥、礫石。五年前，薩梭想把護城河改造成小村的花園。這工程需要好幾萬個工時。他組建了一個「社團」，承擔起這項工作，並獲選為社團主席。工程在夏日夜晚進行，以及村裡男人有空的任何週末時段。農夫出借他們的器械和曳引機；一位修路工人開了他的推土機過來；還有人借到一輛起重機。

薩梭本人對這項計畫也很盡力。大多數的夏日夜晚，他若不在診所也沒出診，就可在護城河看到他。如今，護城河是一座綠草如茵的花園，有噴泉、玫瑰、灌木和座椅。

「護城河工程的所有規畫，」薩梭說：「幾乎都由泰德、哈利、史坦、約翰等人做的。不只是他們做工更好，手更巧，他們的確是，但他們也有更好的構想。」

薩梭不停與村民針對這些構想進行技術討論。長達幾個星期的對話，持續了好幾個小時。與醫療截然不同的社交親密感就此建立。

這有可能只是一起工作所產生的結果，沒什麼了不起。但這件事並非如此簡單，如此表面。工作提供了一起談話的可能性，到最後，談話超越了工作。

英國人口齒不清、辭不達意，是許多笑話的主題，人們經常用清教主義、害羞的民族性等原因來解釋。這類說明很容易掩蓋掉一個更嚴重的趨勢。有很大一部分的英國工人和中產階級之所以口齒不清、辭不達意，是由於大規模的文化剝奪所造成。他們失去了可以將自身所知轉化成思考想法的工具。[8]他們缺乏可遵從的範例，不知道哪些字詞可以清楚說明自身經驗。他們使用的方言傳統早已遭到破壞，而且，雖然嚴格來說，他們識字，卻沒機會去探索已經存在的書面文化傳統。

然而，這不僅是文學的問題。文化的功能就是充當一面鏡子，讓個人可以肯認自我——至少可以肯認社會允准的那部分自我。受到文化剝奪之人，可以肯認自我的方法便少了許多。對他們而言，自身的經驗，特別是情感與內省的經驗，有許多依然**無以名之**。於是，他們表達自我的主要手段，便是透過行動，這也是有這麼多英國人愛好「自己動手做」的原因之一。花園或工作檯變成他們最可能用來滿足內省需求的媒介。

和行動有關或描述行動的對話，也就是說，和技術或程序有關的對話，是最容易進行的對話，有時也是唯一可能的對話形式。而且這類對話討論的內容並非說者自身的經驗，而是某個外在機制或事件的特性，例如汽車引擎、足球比賽、排水系統，或某些委員會的工作。這類話題排除掉直接與個人相關的一切內容，成為今日英國不管任何時候，二十五歲以上男子最主要的聊天素材。（年輕人拜他們自身的欲求之賜，免受這類去個人化之苦。）

不過，這類談話自有其溫暖，可藉此建立並維繫友誼。這類話題的錯綜複雜，似乎可以讓談話者親密地聚在一起。就好像談話者正彎下身仔細檢查那個話題，愈彎愈低，直到他們的頭碰在一起。他們分享的專業，就這樣變成了共享經驗的一種象徵。當朋友們回憶另一位去世或不在的朋友時，他們會想起，他總是堅持前輪驅動更加安全，在他們的記憶中，這點如今有了一種親密的價值。

薩棱行醫的地區，即便以英國的標準，也是文化剝奪最極端的地區之一。唯有

8 作者注：我的小說《科克的自由》（*Corker's Freedom*, 1995），企圖闡明這種情況。

透過與村民一起工作，並逐漸理解他們的某些技術，他才有資格與他們談話。然後，他們漸漸有了共享的語言，而共享的語言就是他們擁有其他共同經驗的隱喻。

薩梭希望，這個隱喻意味著他們是以同等地位交談，特別是因為，在這種語言的範疇內，村民知道的遠比他多。然而，他們並非以同等地位交談。

薩梭被村民和森林人接受，將他視為與他們一起生活的「人」——包含這個詞彙的完整意涵。無論在何種情況下，村民與他面對面時，都無須覺得羞愧也無須複雜的解釋：他能理解，即便他們自身所屬的整體社群不能理解或無法理解。（大多數未婚懷孕的女孩，都會毫不遲疑地直接去找他。）就算真的有人怕他，主要也是一些年長的病人，他們對醫生依然懷有一些傳統上的恐懼。（這種傳統上的恐懼，除了是對疾病結果的理性恐懼之外，也有一些非理性的成分，他們害怕，自己對舉止行為有如上級也被當成上級對待的醫生，暗自懷抱手足之愛這種無禮而固執的要求，不知會有何種結果。）

整體而言，薩梭的病人認他為「屬於」他們的社區。他不代表任何外部利益——在這樣一個地區，任何外部利益都意味著剝削。他受人信賴。然而，這不表示村民將他視為地位相等之人，或對待他有如地位相等之人。

大家都很清楚，他是優越的。大家都接受這點，視為理所當然，沒人怨恨或質疑。優越就是他那種醫生的一部分。這種優越無關乎他的收入，他的汽車或他的房子——那些只是讓他可以執行工作的便利設施。就算因為這些便利設施，他過得比一般人舒適一點，這依然不是優越的問題，因為他的確有權利過得舒適，那是他自己掙來的。

他的優越來自他思考與講話的方式！如果要以嚴格的邏輯來估算他的優越，就得把他接受的教育和他的醫學訓練包括進去。但那是很久以前的事，而現在，只要他人在那裡，就可在那裡明顯感覺到他的思考方式——不是純醫學性的，而是整體性的。這就是為什麼村民會跟他講話，為什麼村民會告訴他當地的新聞，為什麼村民會聽他的，為什麼村民想知道他的反常看法是不是對的，為什麼有人會說「他是個很棒的醫生，但不是你預期的那種」，以及為什麼有些中產階級鄰居會說他是個瘋子。

村民並不是因為他的想法教人印象深刻，而覺得他優越。而是他的思考風格，讓他們立刻覺察出他的不同。村民仰賴常識，而他不是。

一般認為，常識是實用的。但只有短期看，常識才是實用的。常識說，恩將仇報是件蠢事。但只有當你意識到那是個大恩惠時，它才是蠢的。長期來看，常識是被動的，因為常識的基礎是接受一種過時的可能觀點。常識體的累積肯定太慢。它的命題必須被驗證過許多次，才能變成無可置疑的，也就是傳統的。而當它們變成傳統的，它們便取得神諭般的權威。因此，在「實用」的常識裡，總是有強烈的迷信成分。

對那些被剝奪基礎知識之人，那些一直保持無知之人，常識是他們自製的意識形態的一部分。這種意識形態由不同的來源所組成：宗教殘存下來的，經驗得知的，基於保護考量而心存懷疑的，為了舒適而從**被**提供的膚淺知識中揀選出來的。但重點是，常識永遠無法自教自學，永遠無法超越自身的限制，因為一旦缺乏基礎知識的情況得到改善，所有的常識細目都會變得有問題，從而破壞了常識的整體功能。常識只能作為一個範疇而存在，這樣才能有別於探究精神，有別於哲學。

常識本質上是**靜態的**。以常識為意識形態之人，在社會上是被動的，他們永遠不理解，自己今日的處境是由什麼因素或由誰導致的。但常識只代表了他們的部分性格，且往往是一小部分。同樣的這群人，會說或會做許多冒犯他們自身常識的事。當他們用「這只是常識」來合理化某件事情時，那通常是在為自己否定或背叛了某種最深層的情感和直覺而做辯解。

薩梭接受他心底深處的情感和直覺，把它們當成線索。他的自我，通常就是他最可靠的起點。而他的目標，是去發現可能隱藏在別人身上的東西。

「我覺得要表達無保留的想法或感受並不困難，不過當我這樣做時，我總會覺得這是一種自我放縱。這聽起來有點浮誇，但就是這樣。至少，它讓我意識並理解到，為什麼我只是聆聽，我的病患就對我感激涕零，因為他們也在為自己誤以為的自我放縱感到不好意思。」

他將自己的終將一死當成他需要的另一個起點，在幾乎無法想像的未來，找到可參照的希望或可能性。

「我深受鼓舞，因為這張桌子、這塊玻璃和這株植物的分子，經過重新排列後可創造出你或我，還有，不好的東西或許只是分子排列得太糟糕，也就是說，有一天或許能重新組織。」

然而，無論他的臆想多麼天馬行空，他還是會回過頭來，根據直到當下為止的真實知識衡量它們。然後，根據這份衡量，開始新一輪的臆想。

「你永遠無法**確知**任何事。這聽起來像是故作謙虛和老生常談，但它無比真實。大多數時候你是對的，而且你的確**看似**知曉，但規則似乎時不時會被打破，然後你就能理解，當**你認為你知道**而且證明你是對的，這時的你有多幸運。」

他從未停止臆想、測試、比較。愈開放的問題，他愈有興趣。

這樣的思考方式要求理論化的權利，要求通則化（generalization）的權利。然而，理論與通則化就其本質而言，是屬於城市或遙遠的首都，那裡總是做著通盤性的大決定。此外，要做出通盤性的決定和理論，你必須藉由旅行獲取經驗。但沒有人離開這座「森林」去旅行。所以，「森林」裡沒有任何人有能力或方法理論化。他們都是「務實」之人。

在英國是這麼小的一個國家時，如此強調地理上的隔絕和距離，似乎令人驚訝。然而，主觀上的遙遠感與實際的里程數關係不大。

遙遠感反映的是經濟權力。在壟斷以及日益加劇的集中化趨勢下，連曾經舉足輕重的大型城鎮，例如博爾頓（Bolton）、羅奇代爾（Rochdale）和衛根（Wigan），

都淪為偏僻的閉塞之地。在鄉村地區，由於政治意識的平均水平相當低落，對大多數的在地居民而言，所有非實務性的決策，以及所有的理論，似乎是遠方政策制定者的專屬優勢與特權。知識分子似乎是「政府」用來控制他們的工具之一，正因如此，他們對知識分子充滿懷疑。薩梭受人信賴，是因為他與他們一起生活。但他的思維方式只能從其他地方獲取。所有的理論制定者，至少有一隻眼睛是投向權力的寶座。而這正是森林人從來都不知道的一種優勢。

他們之所以認為薩梭的思維方式是一種優越，還有另一個原因，但這個原因比較不理性。放在以往，這會被視為一種魔力。薩梭不害怕坦承恐懼。他發現所有衝動都是自然的——或可理解的。他還記得身為小孩是什麼感覺。他不尊重任何頭銜之類的東西。他可以進入其他人的美夢或惡夢。他可以發脾氣，然後談論他為何如此的真正理由，而非尋找藉口。他有能力做這類事情，而這樣的能力，將他連結到被常識忽略或否認的經驗面向。因此，他的「肆意」（licence）挑戰著他每位聽眾心裡的囚犯。

在那個地區，大概只有另一個人的思維模式與他類似。但那個人是一位隱士作家。周遭沒人察覺得到他是怎麼想事情的。當地還有一些神職人員、校長和工程師，但他們都是使用常識語法，只有詞彙不同，因為他們必須提到上帝、中等教育普通證書或金屬應力。薩梭的優越在當地似乎獨一無二。

村民和森林人對薩梭的優越，抱持著複雜態度。他們說，薩梭有個好腦子，然後，他們想起薩梭屬於他們，既然有這樣的腦子，何苦來這裡，於是他們理解到，薩梭選擇來他們這個偏鄉執業，再次暗示了某種優越：他視成功如浮雲的優越。但如今，薩梭的優越在某種程度上也變成他們的優越。他們以他為傲，同時也保護他，彷彿他的選擇透露出，一個好腦子也可能是某種弱點。他們經常憂心忡忡地看著他。不過，我認為，他們並非那麼以他的醫生身分為傲，他們知道他是一個好醫生，但不知道這究竟是很稀罕還是稀鬆平常。他們是以他的思維方式、以他的頭腦為傲，是這一點，讓他鬼使神差地選擇留在他們這裡。他們將薩梭的思維模式據為己有，賦予它某種在地功能，但不直接受其影響。

他們生病時，薩梭做的不僅是治療；他是他們人生的客觀見證者。但他們很少說他是見證者。只有在某些實際情況將他們聚在一起時，他們才會想起他。他絕非最後的仲裁者。因此，我選擇**記錄員**這個比較低調的字眼：他們的記錄員。

他之所以合格，正是因為他的優越性。誰不曾偶爾幻想一下，能被完整而全面地記錄，雖然不可能實現。而這些紀錄如果要盡可能完整，就必須和大世界有關，而且必須包括隱藏起來的東西，甚至是隱藏在主角自身內部的東西。

有些人可能會以為，薩梭已經接管了教區神父或牧師的角色。實則不然。他並非某個全知全能者的代表。他是村民自己的代表。他寫下的紀錄永遠不會提供給任何一位更高階的判官。他保留這些紀錄，讓村民可以時不時自行查閱。如果不是醫療上的專業諮詢，他們與薩梭對話最常用的開場白是：「你記不記得什麼時候……？」薩梭代表他們，變成他們的客觀（相對於主觀）記憶，因為他代表了他們所失去的理解外在世界以及與外在世界建立關聯的可能性，也因為他代表了某些他們知道但無法思考的東西。

我說，薩梭是他們自己要求的記錄員，就是這個意思。這是個榮譽位置。他很少被叫去行使職務。但這職務有其精準意涵，儘管未曾言明。

我很清楚，我的隱喻手法有點笨拙。但它們的重要性何在？一方面，對鄉村醫療實務做一份社學會調查，可能更有用；另一方面，對接受過不同治療的病患進行各種滿意度的統計分析，可能更具啟發性。我不曾片刻否認這類研究的實用性，而且在準備這本書時，也借鑑了它們的諸多發現。但我在書中想界定的，是問答式分析無法觸及的關係。

我所說的有關薩梭和他病患的故事，很容易陷入伴隨想像力而來的危險。某些時候，我自己的主觀也可能造成扭曲。我沒有一刻能證明我所陳述的內容。我只能說，經過對這主題的多年觀察，我相信，我說的內容，儘管有點笨拙，卻能透露出這個小地區社會現實中的一個重要部分，以及薩梭心理現實中的很大一部分。阻礙人們接受這點的最大絆腳石，是誤以為這些人無法表達的部分總是簡單的，因為他們就是簡單之人。我們希望維繫這樣的看法，因為它可以強化我們的錯覺，以為自己擁有可明白表達的個體性，也因為它讓我們不用去思考一些極端複雜的現象，那些現象就隱藏在最簡單之人最簡單的希望或失望背後，融合了哲學傳統、情感、半實現的想法、原始的直覺以及富有想像力的暗示。

薩梭在很大的程度上實現了他的理念。在二十世紀中葉，在陸地上盡人之所能處理疾病，他所達到的地位，足以媲美雙桅帆船的船長。

他擁有相對的自主權以及單獨承擔的各種責任。（和大多數的全科醫生不同，他的住院病患有九成是由他經手，因為除了複雜的大手術之外，其他病人都是在當地的鎮醫院接受治療，而他是那裡的住院醫生之一。）他處理所有的緊急狀況——採石場或田地收穫時期的嚴重意外，一名絕望的年輕婦人想要殺死她的私生小嬰兒，或一名失去信仰的退休牧師在慢性折磨下最終崩潰。他深受信任，幾無疑問。

他對個別病患的態度，的確不是建立在清楚明確的權威之上，而是為了回應未宣之於口的對於手足之情的要求，但這種手足之情**並非**雙向的。在薩梭這方，這是一種想像的投射，跟藝術品一樣真實，但也跟藝術品一樣虛假；沒有人從手足的角度肯認薩梭，這讓他成為發號司令者。

「記錄員」這個職位，不僅意味著他比其他任何人更知曉該地區的歷史傳承；這職位還賦予他權力去理解與實現該社群。在某種程度上，他思考並訴說該社群的感覺與支離破碎的知識。在某種程度上，他是他們自我意識的成長力量（儘管非常緩慢）。

最後，由於該地區的落後蕭條，來自於外界的直接影響很容易停留在最低限度。該地區的境況完全取決於其他地方發生了什麼，決定了什麼。但除了被大眾媒體誤用的那些現成概念，很少有什麼人或什麼想法，會來這裡挑戰薩梭的霸權。

那麼，薩梭的成就付出了什麼代價？

我不打算討論全科醫生的日常煩惱與不便。這大可留給醫生這一行本身的代表去做。他們的一些抱怨千真萬確。但整體基調是來自於恐懼和怨恨，因為他們感受到醫學專業在十九世紀享有的地位與類別正逐漸過時，但對這項事實又未能充分理解。

薩梭並未真的因此感到驚慌，他已經建立了自己的特殊地位。然而，處在那個特殊地位上，他就得比其他許多醫生更赤裸裸地面對病患的苦痛，更常覺得自己沒有足夠的能力幫助他們。

一般認為，醫生會以專業角度看待病痛，而這種專業冷靜的訓練，是從醫學系第二年首次解剖人體開始。這是真的。但這問題遠不只是克服看到血液或內臟時的生理反應。後來的其他因素，也有助於他們的自我保護。醫生使用一種技術性的、全然無情緒的第二語言。他們經常需要快速行動，執行複雜的手動任務，而這些都需要專心致志。日益增強的專業化，助長了日益科學化的疾病觀。（在十八世紀和更早時期，醫生經常被視為憤世嫉俗的犬儒〔cynic〕，根據定義，犬儒這種人認為，自己並沒資格取得科學的「客觀性」。）病例的數量太多，並不鼓勵醫生對任何個別病患產生自我認同。

然而，無論這有多真實，某些醫生所目睹的苦痛，其壓力之大，可能超過一般所承認的。薩椄就是其中之一。他是一個極端自制的男人。儘管如此，我還是看過他哭，當時他沒留意到我，他從一位年輕垂死的病患家中離開，邊哭邊走在穿越田野的路上。或許，他是在為已經做了或來不及做的事情責備自己。他會將自身的痛苦轉化成一種痛苦的責任感，那就是他的性格。

但他的感性不僅是性格所致，它同樣源自於他的職位和他的行醫方式。他從未將疾病與病患的整體人格區隔開來——在這點上，他跟專家恰好相反。他不認為應該與他的想像力保持距離；他必須靠得夠近，才能完全肯認病患。雖然他有大約兩千位病人，但他知道他們全都彼此相關，而且不僅限於家族上的意義，因此對他而言，這些數字很少具有統計上的客觀性。最重要

的是，他認為，他的職責就是要試著去治療至少某些形式的不快樂。他鮮少將病患送進精神病院，他認為那是一種放棄。

每個星期要去面對其他人的極端苦楚五到六次，要去試著理解並希望能克服，這會帶來怎樣的效應呢？我講的並非身體上的苦楚，因為那通常可在幾分鐘內紓解。我講的是垂死、失落、恐懼、孤寂、嚴重失控、感覺無用的苦楚。

在我看來，這其中有個面向似乎相當重要，但卻沒得到太多討論，所以，如果我太過專注於此面向而忽略其他，還請讀者見諒。

苦楚有它自己的時間尺度。將苦楚之人與非苦楚之人區隔開來的，是由時間形成的壁壘，這道壁壘威嚇著非苦楚之人的想像力。

嗚咽的男人或女人會令人聯想起孩子，卻也最擾人心煩。這有部分是因為特定的社會慣例，慣例不鼓勵成年人（特別是男人）流淚，但允許孩童哭。不過，這絕非全部的解釋。嗚咽之人與孩子有一種身體上的相似性。成年人的「儀態舉止」崩了，只剩下一些非常原始的動作。身體的重心似乎再次回到嘴巴，彷彿嘴巴既是痛苦的所在，也是唯一能得到安慰的途徑。雙手失去控制，又回到只能握緊或抓扒的階段。整個身體也趨向嬰兒的姿勢。有充分的生理與心理原因可解釋這一切，但我們無須知其所以然，就能看出兩者之間的相似性。既然

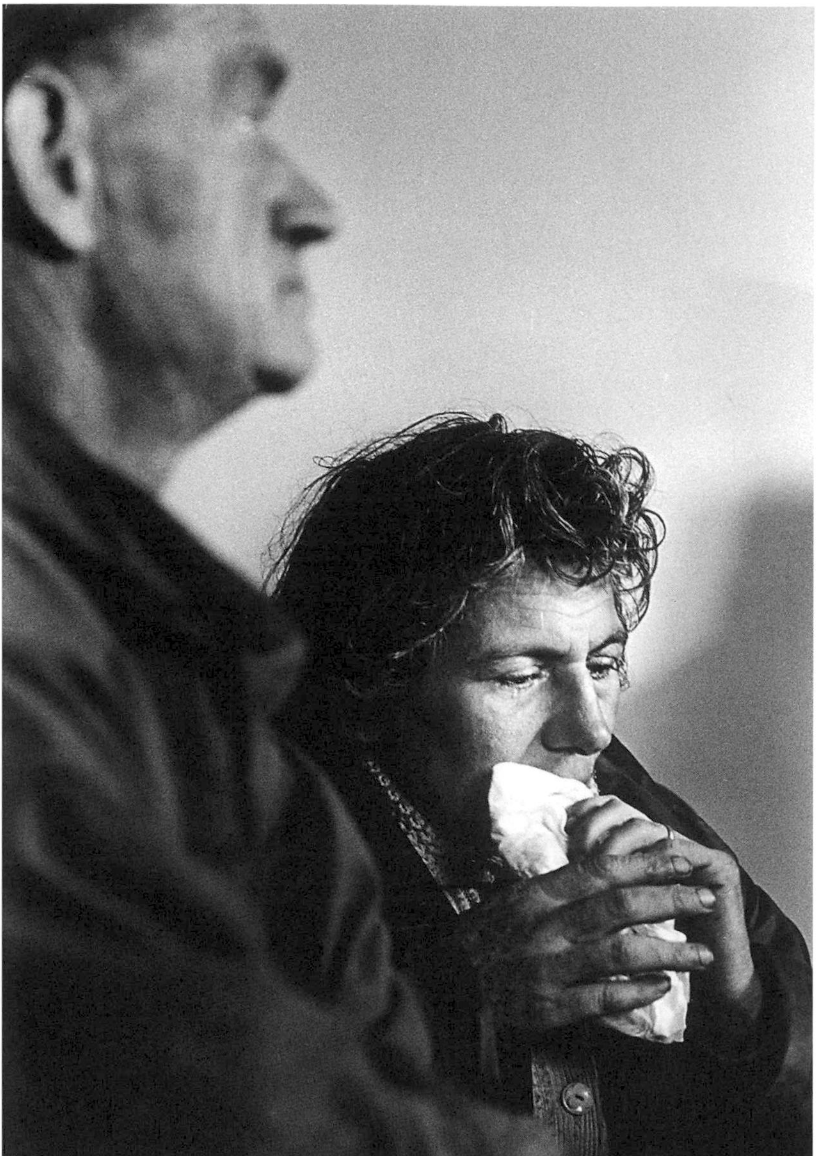

如此，為什這樣的相似性會如此擾人？再一次，我認為其中的緣由比所謂的慣例感或同情心更加深層。在某種程度上，這種相似性一旦建立，就會遭到粗暴的否定。嗚咽的男人才不像孩子。孩子哭是抗議，男人哭是哭自己。他甚至有可能以為，再次哭得像個孩子似的，就可再次取得孩子般的復原能力。然而，那是不可能的。

苦楚未必與哭泣有關。苦楚的構成也可能更慘烈，是恨意、復仇或對殘忍半真半假的期待，絕望之人有時會以此等待自身的毀滅。但所有的苦楚，無論它的緣由為何，也無論它是理性的或神經質的，都讓受苦者回到童年，並因而增加他的絕望。至少，根據我自身的觀察與內省，我確實這樣覺得。

隨著年歲增長，時間似乎流逝得更快。這句老生常談，往往是一種懷舊之嘆。但我們很少從相反的方向去思考這句話——也就是，時間延長的感覺會如何影響年輕之人和年幼之人。年輕人對此很少能說什麼，因為當他們逐漸意識到時間正在改變步調之時，他們只有一個判斷標準，而且到了那時，一切都太晚了，再沒什麼直接證據。如果我們能知道，一個晚上或一個白天對小孩來說有多長，我們對童年的理解或許能大幅增長。會不會，幼年經驗的形塑力之所以那麼強大，不僅是因為它的衝擊力道（對相對弱小的孩童而言），也是因為根據孩童自己的估算，那些經驗確實持續了很久？也許，在主觀上，童年占據的時間，至少跟童年之後的人生一樣長。老人的現象或許可證實這點，他們花在日常實務上的時間縮到最短，回想起的童年卻愈來愈多，愈來愈清晰；在他們的主觀裡，童年或許就是人生的大部分。

然而，為什麼時間竟然會改變步調呢？在這方面，小孩與成人之間有何差別？沙特在他的第一本小說[9]中提供了一條線索。那本書有一部分關注了一個類似的問題：如何在充分意識到時間本質的情況下取得冒險之感。他是這樣描述成人的慣性生活。

> 你活著，什麼也沒發生。場景改變，人來來去去，就這樣。從來沒有任何

開始。日子一天接著一天，沒有節奏或原因，它是一種無窮無盡、單調乏味的累加。偶爾，你會做個小總結：你說，我旅行三年了，我在布維爾三年了。從來也沒有任何結束：你永遠不會一股作氣地離開一個女人，一個朋友，一個城鎮。然後，一切就跟其他一切一樣。上海、莫斯科、阿爾及爾，幾個禮拜之後，就都一樣。偶爾，不很常見，你會突然明白自己的處境，意識到你跟一個女人一起生活，捲入了一些骯髒勾當。但就那麼一瞬。然後，流程再次啟動，你又開始時復一時，日復一日。星期一，星期二，星期三。四月，五月，六月。一九二四，一九二五，一九二六。

沙特拿這樣的「活著」與偶爾的「冒險感覺」做對照。這種感覺不需要什麼激

---

9 作者注：《嘔吐》。法文原著最初於一九三八年出版。

動人心的事件。那是一種強化過的覺察，為「存在」這個事實與其限制賦予某種秩序感——以及隨之而來的意義。

這種冒險的感覺絕非來自事件。我已經證明了。它更像是將不同時刻串連起來的方式。我認為，事情就是這樣：突然間，你感覺時間正在流逝，每一刻都指向另一刻，這一刻又指向另一刻，以此類推；每一刻都摧毀自我，試圖阻止只是徒勞，等等，等等；你將和形式有關的東西擴展成內容……

如果我沒記錯，他們稱之為時間的不可逆性。冒險的感覺就只是時間的不可逆性。但為什麼我們無法時時刻刻擁有它？

時間的不可逆性是年幼孩童能清楚察覺的，雖然這概念對他們毫無意義。他們與之共存。童年時期沒有不可避免地重複。「星期一，星期二，星期三。四月，五月，六月。一九二四，一九二五，一九二六」，這與他們的經驗剛好相反。沒有任何事情非得自我重複不可。順帶一提，這也是孩子們會要你保證某些事情將被重複的原因之一。「明天我會起床吃早餐嗎？」隨著年紀漸長，到了六歲左右，他們可以自行回答這個問題，並開始期待與仰賴事件的周而復始；但即便到了那時，由於他們的衡量單位實在太小，或你也可以說，由於他們的焦急程度實在太大，所以可預見的未來似乎太過遙遠，不足以讓當下此刻具有任何重要性：他們的注意力依然停留在事情不斷像第一次般出現並不斷一去不返的此刻。

成人最普遍的錯覺之一，就是相信有第二次機會。小孩，除非是被成人說服或賄賂，否則他們都知道，第二次機會並不存在。孩童必然會沉溺於經驗，所以不可能抱有這樣的想法。成人相信第二次機會，是為了雙倍減緩經驗的衝擊。不僅每個人都被給予了無數多的第二次機會，而且每一事件的獨特性就算沒被摧毀，也被搞模糊了。因此，隨著時間推移，或更準確的說法，隨著時間沒有推移，我們可以暫且主張，世界逐漸熟悉我們，甚至主張，以過去事件為基礎的世界是我們的債務人。孩童不需要這類保護。

孩童不需要，因為他們自己的機會似乎可一再延伸，超乎他們所能想像。他們自己的時間無窮無盡。他們不停經驗到一種失落感：如同沙特指出的，這是冒險感的先決條件。每一次的離別，無論多微不足道，任何遊戲或事件的結束，都是最終的失落，沒有任何重複能夠彌補。有時，他們需要抗議：他們哭喊，希望那份失落能夠推遲，他們哭喊，因為真心痛惜失去的東西。我說**真心**痛惜，是因為他們關注的焦點依然是失去的那樣東西，而不像成年人，關注的經常是他們想像中那樣東西在未來被剝奪的狀態。孩童的失落感會緊接著下一起事件或下一個興趣。幼童對「下一件事」有近乎無法滿足的胃口。需要用下一件事來取代已經逝去無法挽回的東西。

幼童可以快速從全盤的失落中復原，還有另一個原因。在小孩的世界裡，沒有任何事情是偶然的。沒有意外。每件事都與其他事相連，每件事都能用其他事來解釋。[10]（幼童世界的結構，類似於魔法的世界。）因此，對幼童而言，失落從來不是毫無意義的，不是荒謬可笑的——以及最重要的，不是非必然的。對幼童而言，發生的每件事都是必然的。

遭遇苦楚時，我們經常會回到童年早期，因為我們是在那個時期首次學會承受全盤失落的經驗。不僅如此。我們在那個時期所承受的全面失落，比往後一生加總起來的還要多。即便今日認為，沒有任何神經模式會強迫我們對某個已經遺忘的可怕場景做出和孩童時期同樣的反應，但我們還是會不由自主地回顧那個時期，因為在介於中間的歲月裡，我們鮮少甚至從未像小時候那樣，總是能牢牢抓住事件如鐵一般的不可逆性。

---

10 作者注：參見皮亞傑的《孩子的語言和思想》（*Language and Thought of the Child*）。

然而，我們不再是孩子了，即便再次以這種方式受苦。最主要是因為，如今我們可以覺察到自身情境的任意性（arbitrariness），而這是孩童無法察覺的。沙特將這稱為「無端性」（gratuitousness）。

我的意思是，根據定義，存在並非必然。存在就只是**在那裡**；存在的東西出現，讓自己**被遇到**，但你永遠無法**推演**它。我認為，有些人已經明白這點。也只有這些人，試圖虛構一種必然的因果存有，來克服這種偶然性。但沒有任何必然性的存有能解釋存在：偶然並非幻象，並非可以被消解的表象；偶然是絕對的，因此是全然無端的。一切盡是無端，那座公園，這座城鎮，以及我自己。當你領會到這點，你會感到反胃噁心，一切開始漂浮，一如鐵路工人俱樂部裡的其他夜晚；那就是「噁心」……

一位沮喪或失去親人的森林人，顯然不會像專業哲學家那樣思考。但他可以在沙特書中所描述的同一種光下，看到森林，或樓下房間的煤氣爐，或堆在化妝桌下的報紙。這幾乎就是那道光的問題——或說，腦子如何詮釋那道光。那道光將一切客觀化，但不確認任何東西。沒有一位孩童曾看過那樣的光。它與孩童看見森林或廚房的光截然不同，就像光亮與黑暗的差別。

我不知道我是否講得夠清楚。苦楚來自於一種無法彌補的失落感。（失落可能是真確的或想像的。）這份失落附加到一生中所承受的其他所有失落之上；這些其他的失落代表了，你**喪失**了在這種情況下，在最新、最後的這一次，你原本會去尋求安慰的東西。這些其他的失落，大多是童年時期所承受的——因為那就是童年的本質。因此，失落的經驗往往會讓人回歸或將人帶回童年。如果失落的經驗有部分或全部是神經質的，那麼回歸童年就是這份經驗裡真真實實的一部分。倘落失落的經驗不是神經質的，那就是無助感將人帶回童年。這種無助在神經質的案例中同樣存在，它改變了人的時間感。它是在面對真實或想像的已發生事件的不可逆時的無助。對不可逆性的這種覺察，放慢了時間。一瞬「恍若數年」，因為，和孩童一樣，你覺得一切都已經永遠改變了。重複的觀念突然從時間的現實中移除。在幼童身上，這相當於一種強化過的覺察，而且的確是他們大多數冒險感的奧祕所在。但那是因為，他們有能力至少在某一層面上解釋並證明發生過的每一件事，包括每一次失落。相較之下，成年人的苦楚來自於他們認定發生過的一切都是荒謬的；或者說，就算有意義，也不足夠。也就是說，剩下的意義不足以平衡失去的意義。於是，受苦的男女淪陷在童年的時間尺度裡，卻得不到孩童會有的保護，承受著獨屬於成人之苦。

薩梭巡診時遇到苦楚的病患——臨終者的近親，病到厭世之人，對自己的身體感到幽閉恐懼乃至無法行動的絕望者，瘋狂的嫉妒者，試圖自殺的孤獨者，歇斯底里者。有時，薩梭能夠觸及他們；有時很明顯，他不可能做到。對那些他認為可透過心理治療提供幫助的病患，他會在晚餐後的時間，與他們進行長達一小時的預約診療。他們與薩梭一起捱過他們的危急關頭，而這些關頭也會讓苦楚臻於極致。

心理學家卡斯泰爾（G. M. Carstairs）談論過這類會面，他是從相對超然的教授角度去書寫，但卻未曾低估這類會面的壓力。

> 與深陷絕望狀態的人類同胞會面，會迫使你去分擔他的根本問題，至少是在想像中分擔：生命有任何意義嗎？他繼續活著還有任何意義嗎？

不過，我認為，這類問題往往會以「對時間的感受」呈現在薩梭面前。這個根本問題變成了：一瞬片刻有何價值？

彷彿時間變成了康拉德的大海，疾病變成了天氣。是時間可以保證「上帝的和平」，可以用「無法想像的」暴怒鞭打摧毀。再一次，我被迫用笨拙的隱喻來界定一種隱藏的主觀經驗，界定一名醫生在想像他幾乎每天都會遇到但無法藉由開立藥方予以安撫的那種痛苦時所承受的廣泛衝擊。

薩梭在他的行醫生涯裡參與了所有的接生案例——幾乎所有的出生他都在場。大多數的死亡他也在場。他不斷被提醒，一瞬片刻可造成多大的不同，多麼無法逆轉，在那一刻來臨的過程

中，要做出多麼周密的準備。在某種程度上，他可以介入這個過程。他可以加速它，他可以減緩它，他可以「爭取時間」。但他無法讓滄海變桑田。

當病患的疾病得到名字之後，他們通常會接著問：會拖多久？要多久才會……？多久？多久？醫生會回答他不能保證，但是……醫生看起來宛如時間的操控者，就像水手似乎能偶爾統治大海。但無論醫生或水手，都知道這是一種幻覺。

所有醫師都比一般人更能覺察到死亡——雖然有些人會盡可能只從生理上的臨終階段去思考，藉此掩蓋形而上的死亡事實。在人類的想像裡，死亡與時間的流逝密不可分；流逝的每一刻，都讓我們離自己的死亡更近一些；而我們的死亡，如果可以衡量的話，是由看似永恆的存在來衡量，這種存在必須持續到我們死後，持續到沒有我們之後。

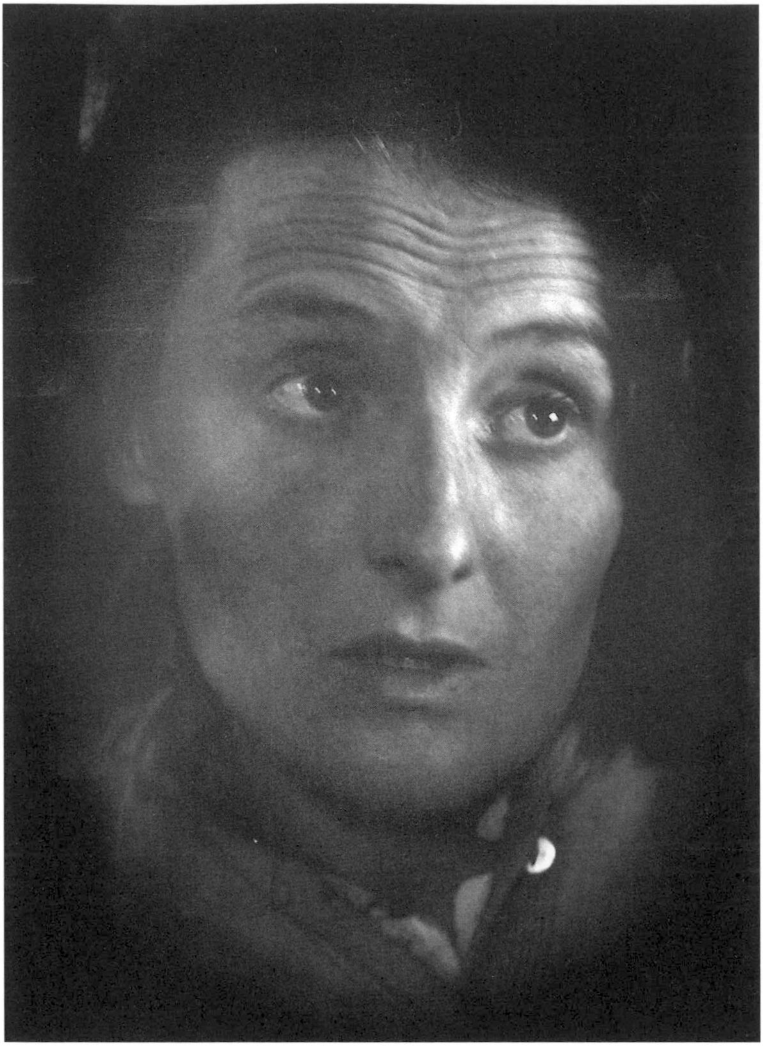

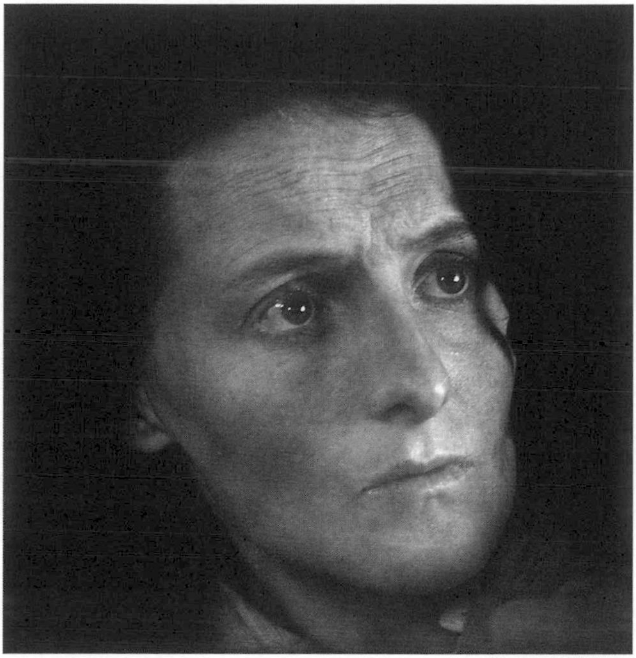

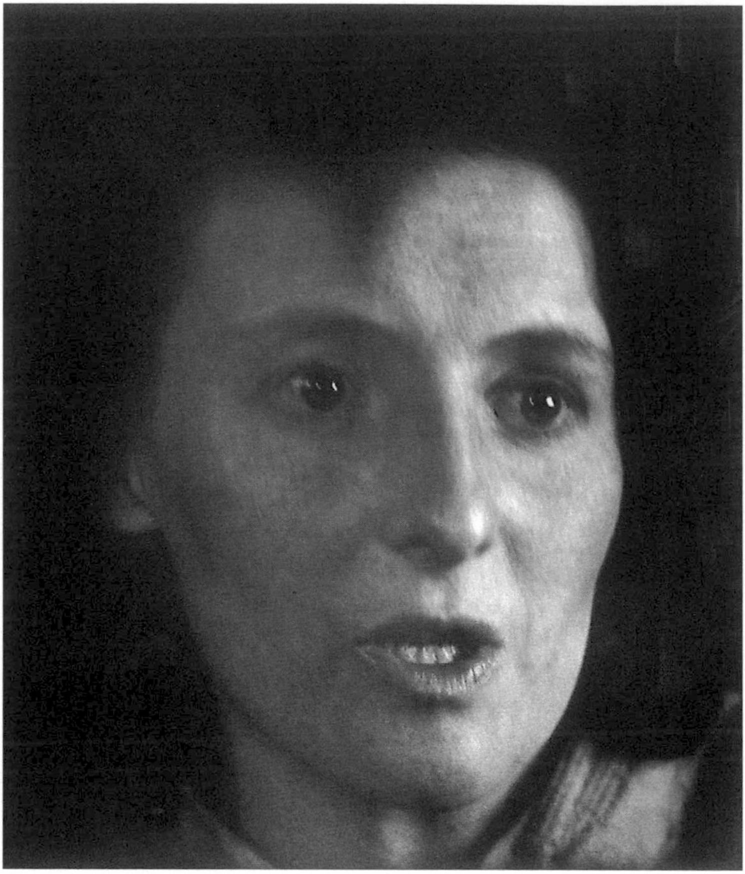

這或許可以解釋薩梭對時間的關注。**以永恆的觀點而言**（sub specie aeternitatis），一瞬片刻有何價值？不過，面對苦楚比這更重要。苦楚之人陷於某個瞬間，那個瞬間是因先前發生在他們身上的一切而出現。面對無可轉圜的不可逆事件，這對沒預先做好準備的人實在太可怕，但根本沒有誰能做好萬全準備，於是，他們的經驗彎成了一個圓；他們追不上時間的尾巴，於是追著自己的尾巴，盲目地繞著一個瞬間打轉，度過一生。那麼，一個瞬間能容納多少東西呢？

而某一瞬間又如何能類比於另一人同一瞬間的經驗呢？近乎難以置信的是，薩梭伸出手觸摸病患時，經常發現病患就與他共存在那一瞬間。

時間與空間的客觀座標，是為存在定位的必要條件，它們是相對穩定的。但時間的主觀經驗，卻很容易被嚴重扭曲，特別是被苦難所扭曲，扭曲到受苦者以及對受苦者有些許認同之人，都很難將主觀經驗與固有時間連結起來。

薩梭不僅得做出這種連結，還必須將病患對時間的主觀經驗與他自身的主觀經驗連結起來。薩梭離開病患，啟動路華汽車，準備開走時，他也許會突然從心靈之眼的餘光瞥見對他而言相對空虛的此刻，而這種空虛相當駭人。

薩梭除了在投入病患的治療時，其他時候都是我認識的朋友中最沒耐心的。他無法等待，無法無所事事。他無法休息。他很容易入睡，但是在他內心深處，他很樂於晚上被叫去出診。他發現，要他按照慣例接受正常含量的一天、一小時或一分鐘，是極端困難的事。他對知識的熱中，是因為他熱中用這些知識來建構經驗，填滿他的時間，讓他的時間在主觀上可與苦楚者的「時間」相比。用苦楚之人每分鐘所承受的同樣強度去建構、紓解、治療、理解和發現，這當然是不可能達成的目標。偶爾，這個目標似乎是放過了薩梭；但大多數時候，薩梭是它的奴隸。

無法實現的目標支配了許多人——例如，所有的藝術家。薩梭所承受的特殊壓力，肇因於他的單打獨鬥與他的責任感。他無法和藝術家一樣，沉湎於自身的願景。他必須時時保持觀察、精準、耐心與細心。而且，在此同時，他還得獨自面對邁向該目標的所有衝擊和迷惑。就算他與同事一起工作，他也絕對不會問他們：一瞬片刻有何價值？就算他問了，也沒任何人能回答。但這問題不會一直不停地出現。它們出現時會自動提供專業脈絡，在這樣的脈絡裡，醫學案例的言外之意將受到嚴格限制。但事實上，對薩梭而言，言外之意幾乎是無限的。一瞬片刻有何價值？

我說過，薩梭付出了代價，才達到那個有點特殊的地位，代價是他必須比其他醫生更赤裸裸地面對病患的苦痛，以及他自身的無能感。現在，我想檢視他的無能感。

有些情況會讓所有醫生都感到無助：面對無法治療的悲慘疾病；面對固執與偏見讓生病或不快樂的導因維持下去；面對某些住宅條件；面對貧窮。

在大多數這類情況下，薩梭的處境比一般醫生好些。他確實沒能力治療無法治療的疾病。但由於他與病患的關係相對親密，由於病患的親戚很可能也是他的病患，他比較有優勢去挑戰家族的固執與偏見。同樣的，由於他在該區享有某種領導權，他的看法對住宅委員會、國家補助官員等，往往具有一定分量。他可以在個人與官僚層次上為病人調解說情。

他可能比大多數醫生更能察覺到自己在診斷與治療中犯了錯。並非因為他犯的錯誤較多，而是因為他將其他醫生口中的**不幸併發症**——這稱呼或許不無道理——也算成**錯誤**。不過，為了平衡這類自我批判，他對自己的聲望也頗感滿意，有些「棘手」的病例從遠方慕名而來。他承受身為一名理想主義專業人士相應的質疑，也享受它的信譽。

然而，他的無能感並非源自於此，雖然有時，與某特定案例相關的強烈失敗感會引發這種無能感。讓他心生無能之感的範圍，比醫學專業來得大。

他的病人應該過著眼下的生活，還是他們值得更好？他們長成可以長成的樣子，還是不停被貶低？他們是否曾有機會去發揮他於某些時刻在他們身上觀察到的潛能？難道沒有一些人，暗自希望能生活在實際生活不可能給予的條件下？面對這種不可能性，他們是否暗暗想著不如一死？

薩梭相信，逆境可以磨練性格。但他們的摸索與時而莫名的不快樂，可稱為逆境嗎？

厭倦的原因是什麼？厭倦難道不是五感慢慢死去的感覺？為什麼他們擁有的德行多於才華？誰能否認，一個文化遭到剝奪的社區透過昇華所能提供的可能性，遠少於文化先進的社區？

我們有多少權利繼續代表其他人一直保持耐心？

正是諸如此類的問題，以及從這類問題的空檔中間強行穿越的其他一百個問題，首次擾亂了薩梭，並終於導致他的無能感。

他與自己爭辯，企圖維持內心的平靜。森林人不必像數百萬郊區人那樣充門面，他們不須承受同樣的瘋狂壓力。森林人的家庭沒那麼破碎，沒那麼貪得無厭；森林人的生活水準較低，但連續感較強。就個人而言，他們或許缺乏文化機會，但就集體來看，他們有堂區行政委員會，有護城河協會，有飛鏢隊，等等。這些都助長了社群感。「森林」裡的孤寂感比許多城市要小。就像他們可能會告訴自己的，他們還算快樂吧。

薩梭把這類問題交還給以前的自己，那個試圖將森林人改造成希臘農民的外科醫生和急診醫生。現在的薩梭說，森林人對人生沒有幻想，只有一些小抱怨。多數時候，他們就是把日子過下去，不屈不撓。他們不允許自己受情感支配——他們負擔不起。基本上，忍耐的觀念比幸福快樂重要太多。

如今，薩梭拋棄以前的自我，改從現實主義的角度看待我們生活的世界，以及它的殘酷冷漠。這個世界的本質，讓美好的願望與崇高的抗議很少能減輕打擊帶來的痛苦。對受苦的大多數人來說，申訴的機會並不存在。越南村莊活活被燒毀，儘管世上九成之人譴責這項罪行，它們還是被燒毀。有人在獄中飽受不人道的刑罰虐待，儘管全世界的法學家都宣稱那是不當刑罰，他們還是只能被虐待。大多數哭喊冤枉之人還是只能哭喊，直到世上再無人受冤。一旦打擊瞄準了某人，就幾乎沒有任何力量可以介入，阻止打擊帶來痛苦。道德規範與使用武力之間，有一條楚河漢界。一旦跨越，生存就取決於機會。根據定義，不曾被推過界的人，都是幸運的，而且會懷疑世界是否真的殘酷冷漠。而所有曾被逼著越界之人，即便活著回來，都能在最基本的物質裡辨識出不同的功能，不同的本質——在金屬、木頭、土壤與石頭裡，以及在人心與人體裡。不要變得太細膩。細膩這項特權，就是幸運之人與不幸之人的區別。

然而，無論他如何辯解，擾人的問題還是回來了。他愈努力，那些問題擺出的架式就愈穩。每當他努力去認識病人，他就被迫要去認識病人身上未開發的潛能。的確，如果案主是年輕人或壯年人，這經常會促使他們發出求救之聲——就像一名乘客突然發現，他搭乘的交通工具根本到不了他以為自己正在去的地方時，他會大聲呼叫。如果身為一名醫生，他關心病患的整體人格，又如果他承認也必須承認，人格從來不是一個全然固定的實體，那麼他必然會注意到，是什麼東西抑制、剝奪或削弱了病患的人格。這樣的結果早就銘刻在他的作法裡。

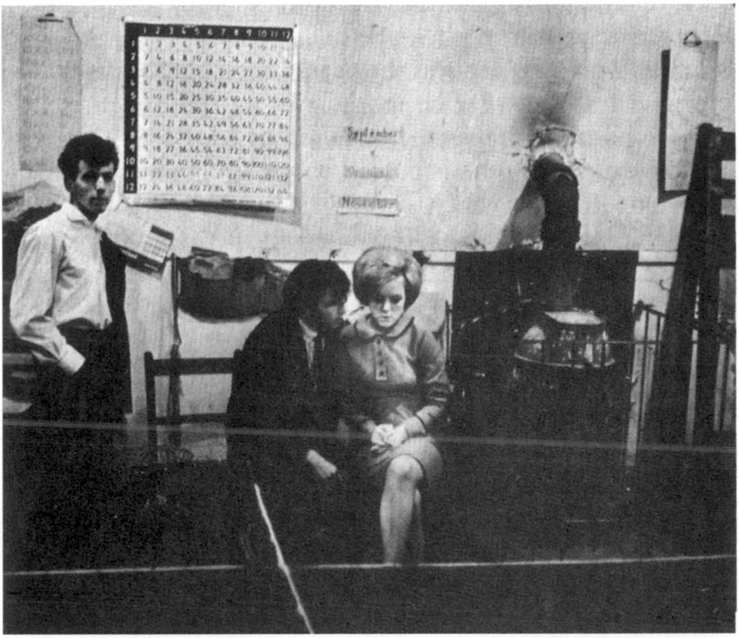
September

Thanks Cliff
MONWEALTH CON

他可以爭辯說，跟世界上大多數人相比，森林人在某些方面是幸運的。但與他心心念念的課題更相關的是，他知道，如果森林人有更好的教育，更好的社會服務，更好的就業，更好的文化機會等等，跟他們原本可以成為的樣子相比，他們幾乎在各方面都是不幸的。

談起戰前的「糟糕舊時光」，或許能助長膚淺的進步信仰。但面對年輕人以及他們可以展望的前景，這類信仰就很難維持。薩梭不得不承認，根據他自己的標準，這一代年輕人連退而求其次都無法，只能退而求「第五」。

這情況不至於讓薩梭束手無策。他可以護衛他們的健康。透過堂區行政會議，他可以敦促政府改善村莊。他可以跟父母解釋小孩情況，反之亦然。他對某個男孩或女孩的評論，在當地學校會受到一定程度的重視。他可以試著跟他們引伸「性」的意義。但薩梭愈想在他們聽天由命、接受眼前的生活之前，根據他們各自的身心需求教育他們，他就愈得自問：我有什麼權利這樣做？他不確定這樣做，是否能讓他們在社會上更快樂。這不是他們對我的期待或想望。到最後，他妥協了，他的有限精力終究會迫使他妥協。他協助解決個別問題；他回應一下這裡，回應一下那裡；他試圖移除部分恐懼，但不摧毀恐懼所屬的那棟道德大廈；他引介一些前所未見的歡樂或滿足，但不會擴及截然不同的生活方式。

我不想誇大薩梭的困境。許多醫生與心理治療師都必須面對這個問題：該在怎樣的程度上，協助病患去接受至少和他生病一樣不公且錯誤的條件？對薩梭而言，他的單打獨鬥，他與病患的親近程度，以及一種此刻我們還無法定義的苦澀弔詭，讓這困境顯得更加嚴峻。

我認為，薩梭的不安並非來自於個別的議題或案例，因為在那種情況下，他的所有注意力都集中在「摸索探路」並計算他能走多遠。他的不安是來自於，他病患的整體期待與他自身的期待有著一貫的反差。

超過二十五歲的一般森林人，當他們身體健康時，對人生幾乎無所期待。（生病時，森林人之所以會奢侈地期待兄弟之情，那是因為疾病讓他回到童年時期，在那個時期，他還沒學會放棄，在那個時期，這類希望還能在家庭內部得到合理的滿足。）森林人期待能維持眼下擁有的一切——工作，家庭，住房。他期待能延續目前的享受——床上的一杯茶，星期日的報紙，週末的酒吧，偶爾去鄰近的城市或倫敦旅遊一趟，玩遊戲，講笑話。他妻子也有自己的樂趣。夫妻兩人還有更多無限隱密、無限豐富的幻想——或許，老化速度更快的妻子尤其如此。他們也有想說的意見和故事，而這些涵蓋的範圍或許寬廣許多。不過，他們對可見未來的自身境況，幾乎沒什麼期待；他們或許想要更多，他們或許認為自己有權利要更多，但他們已經學會也一直被教導要安於最低條件。人生就是那麼一回事，他們說。

他們預見的最低條件不完全是經濟上的，甚至主要不是經濟上的——今日的最低條件可能包括一輛車。最重要的是知識上的、情緒上的，以及精神上的最低條件。諸如「更新」、「驟變」、「熱情」、「喜悅」、「悲劇」和「理解」（無論用什麼詞彙表達）等概念，其內容幾乎是空的。這種最低條件將「性」縮減成短暫衝動，將努力縮減成為了維持現狀而必須做的，將愛縮減成親切，將舒適縮減成熟悉。它摒棄了思想的功效，摒棄了不被認可的需求所具有的力量，摒棄了歷史的關聯性。它用忍耐的觀念取代經驗的觀念，用救濟的觀念取代福利的觀念。

如同薩梭向來觀察到的，這令他們強悍、不抱怨、謙遜、堅忍。他發自內心深深敬重他們。但這並未改變他自身的生命經驗與他們截然相反的事實。

有必要在此強調，我們談的是概括性的普遍期望，而非特定的個人期望。這問題是哲學性的，而非立即實用的。森林人說，人生就是那麼一回事。你可能運氣很好並擁有想要的一切，但這注定是一個例外，因為人生的本質就是那麼一回事。

與森林人不同，薩梭期望從人生取得最大值。他的目標是「全人」。他會贊同歌德的名言：

人只有在認識世界時才認識自身。他只能在自身之內認識世界，只能在世界之中覺察自身。每一新事物，在真正認知之後，都會在我們內部開啟一個新器官。

薩梭對知識的胃口永不滿足。他認為，在任何特定階段，知識的局限都是暫時性的。忍耐對他而言不過是一種經驗，而經驗，根據定義，是反思性的。在某些方面，他或許做好了準備，願意安於相對較小的期待——安於在偏僻的鄉村行醫，安於寧靜的家庭生活，安於一場放鬆用的高爾夫球賽。（事實上，他偶爾甚至會反抗這點：四年前，為了一次南極探險，他接下隨行醫生與攝影師的角色。）然而，在他外表受限的生活內部，他持續不斷地思索、擴大和修正他對可能性的覺察。這有部分來自於他對醫學、科學和歷史的理論閱讀；有部分來自他自身的臨床觀察（例如，他相當敏銳地注意到，做為鎮靜劑的利血平〔Reserpine〕，似乎也能治療凍瘡，因此對治療壞疽可能也有用）。但最重要的是，來自於他不停想像自己「變成」一名又一名病患所累積的「增值」效應。

現在，我們可以定義那個苦澀的弔詭，它讓薩梭對自身與病人之間的反差感到不安，有時還會將這種不安轉變成他自身的無能感。

薩梭永遠忘不了那個反差。他一定會問：病人值得眼下的生活，或他們值得更好的生活？而無論他們會回答什麼，他一定會回答：他們值得更好的生活。在個別案例中，他肯定會盡其所能幫助他們過得更全面。他一定會體認到，如果你將該社群視為一個整體，那麼，他能做的根本極其不足。他一定會承認，需要做的事，不在他身為醫生的職責之內，也超出他個人的能力之外。然而，他接下來一定得面對這個事實：他需要**現下的情境**，在某種程度上，是他**選擇了**這個情境。正是由於這個社群的落後，他才能夠以他的方式行醫。

他們的落後，讓薩梭可以陪伴他的病患走過所有階段，賦予他支配的力量，鼓勵他成為該區的「良心」，讓他擁有不尋常的大好條件可與病患建立「手足」關係，允許他幾乎可以完全依照自己的意思建立他在當地的專業形象。這樣的地位可以說得更加直白。薩梭之所以能努力邁向全人，是因為他的病患是弱勢群體。

薩梭時不時會變得極度沮喪。這種沮喪感可能持續一到三個月。他不確定沮喪的理由是什麼。它們的源頭可能是器官性的，可能是童年時期建立的神經模式的一部分，這種模式如今仍會反覆出現，但大多時候隱而不顯。

然而，如果說這些沮喪的源頭是謎隱的，那麼維繫（maintenance）——如果可以用這個詞彙的話——它們的力量則是顯露的。我說的維繫是指，為了證明他的沮喪有其道理並使沮喪延續下去所調用的意識材料。我們的文化有一種致命的「非歷史」（a-historical，不關心歷史與傳統，只在乎現下）基礎，因為這點，我們很容易忽略或漠視神經疾病或心理疾病所蘊含的歷史面向。有時，遙遠過去的極端案例可得到承認。例如，人們同意，十四世紀的聖維特斯舞蹈症（St Vitus's Dance）與百年戰爭和黑死病的苦難有關。但是，我們是否想過，比方說，梵谷的內心衝突在多大程度上反映了十九世紀末的道德矛盾？脆弱或許有其自身的私人原因，但往往也直白地顯露出大環境的傷害與破壞力量。

薩梭的沮喪，是由我們先前探討過的兩個問題的材料所維繫：他病患的苦痛，以及他自身的無能感。如同他的沮喪所反映的，這些材料被扭曲了，但即便在扭曲的狀態下，依然保有許多真實的部分。

他認真工作。碰到特別複雜的案例，他會去察覺有多少個別因素牽涉其中，並開始追蹤它們的邏輯關聯。他做了一些規畫全面提升醫療效能——比方說，為診所取得一部心電圖儀。他覺得自己能妥善運用迄今為止所累積的經驗。「森林」裡留待他去做的事情那麼多，證明他留在那裡是正確的。他向來就善於觀察，但在這種心態下，他留意到的遠多於他能指出或解釋的。每件事似乎都很重要。於是他用最快的速度挑選並執行一堆例行的回應和檢查，讓自己還有時間一邊做一邊思考自己正在做的事。他以創造性的方式工作。

一個後果不大的小小挫敗，可能會觸發薩梭的幻滅之苦。嚴重的緊急事件反倒不會，因為那需要他投注所有心力。他變得比平常更加自覺到自身的責任。問題並未真的如他所希望的，從病人身上完全消失。但病人已經不太能察覺到。病人依然心懷感激或抱怨不休，跟先前一模一樣。薩梭不可能將他感受到的挫敗告訴病人。不是基於分寸或醫界成規。而是因為病患無法理解，而且就算講了，他們還是會感到滿意。薩梭對病患的利益比病患本人更敏感。醫療挫敗對他造成的困擾，更甚於對病患造成的不便。於是，薩梭經過強化的覺察力，不會像他做得很好時那樣，提供他新的證據和數據，反而會突然把注意力拉到它自身的與眾不同。有那麼一刻，他觸碰到輕度偏執的門檻。在正常的情況下，這一刻或許會伴隨著一句自嘲就帶過了。但如果在這一刻，他無意識地想為自己的沮喪尋找正當的理由，他就會讓自己陷入矛盾，一邊是自己發達的感受力，另一邊是病患的弱勢生活。那些曾經激勵他、肯定他的挑戰，如今似乎證明了他的自以為是。

他感到內疚，愈來愈容易受到他人苦痛的影響。這種苦痛要求他回答當下此刻的價值，暴露出他自身生活的相對空洞。為了否認這點，如同我們看到的，他努力與痛苦的強度競爭。他們多受苦，他就多努力工作。他對工作的態度變得執迷。

他的沮喪很快就讓他的反應變慢，專注力也隨之減弱。他似乎再也應付不了醫療業務的基本要求。突然之間，那些還留待他去做的挑戰，甚至他為自己執迷於工作所虛構出來的道德基礎，似乎都屬於另一個消逝的世界。他認為，他再也無法擔負醫生的角色。

其實，即便在這樣的時刻，他應該還是能提供優於全科醫生全國平均水準的醫療處置。但他只能藉由坦承自己的無能，稍稍克服他給自己定的無能之罪。於是，他對那些有能力接受他懺悔的病患，坦承了自身的危機。他懇求他們以寬容之心憐憫他。他們只有最低限度的要求，而這成了他仰仗的事實。圓完整了。而就像常見的情況，完整的圓是良知受苦的封印。

儘管如此，薩梭這人就是做他想做的事。或者，說得更準確一點，他這人就是追求他想追求的東西。有時，這種追求包含了壓力與失望，但追求本身就是他感到滿足的唯一來源。薩梭就像藝術家，或那些相信自身工作就是自身存在價值的人。根據我們社會的悲慘標準，薩梭是個幸運之人。

要批評薩梭很容易。可以批評他忽略政治。如果他真的那麼關心病患的生活，包括醫療生活和一般生活，他為什麼無法明白，必須採取政治行動才能改善或捍衛他們的生活。

可以批評他單獨執業，不願與一群醫師聯合開業或在醫療中心工作。難道他是一個過時的十九世紀浪漫主義者，懷抱著一肩承擔的理想？而且說到底，這種理想

難道不是一種父權主義？

他本人也察覺到這類批評的言外之意。「我有時會好奇，」他說：「我有多大一部分是最後一位舊傳統的鄉村醫生，又有多大一部分是一位未來醫生。你能兩者皆是嗎？」

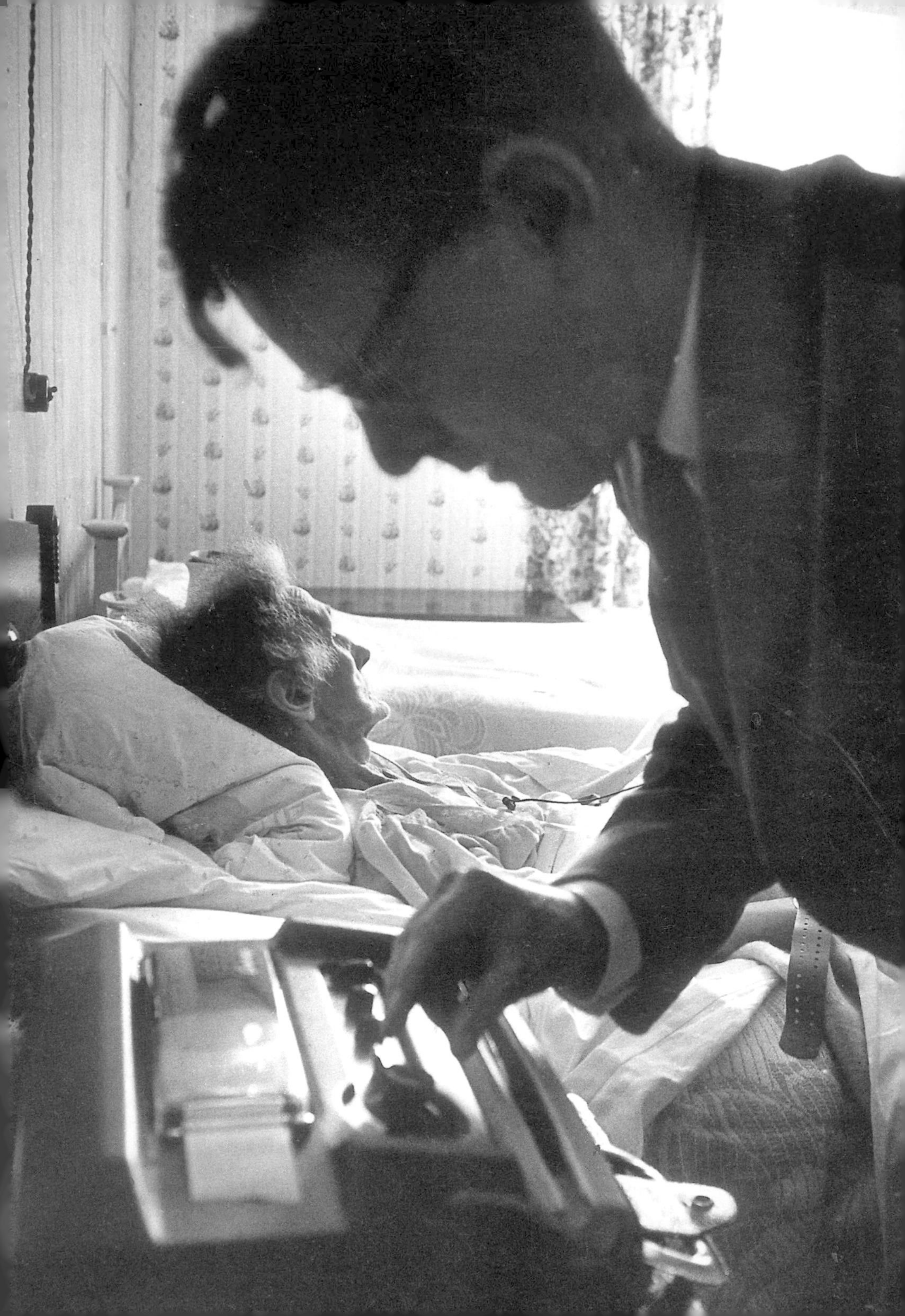

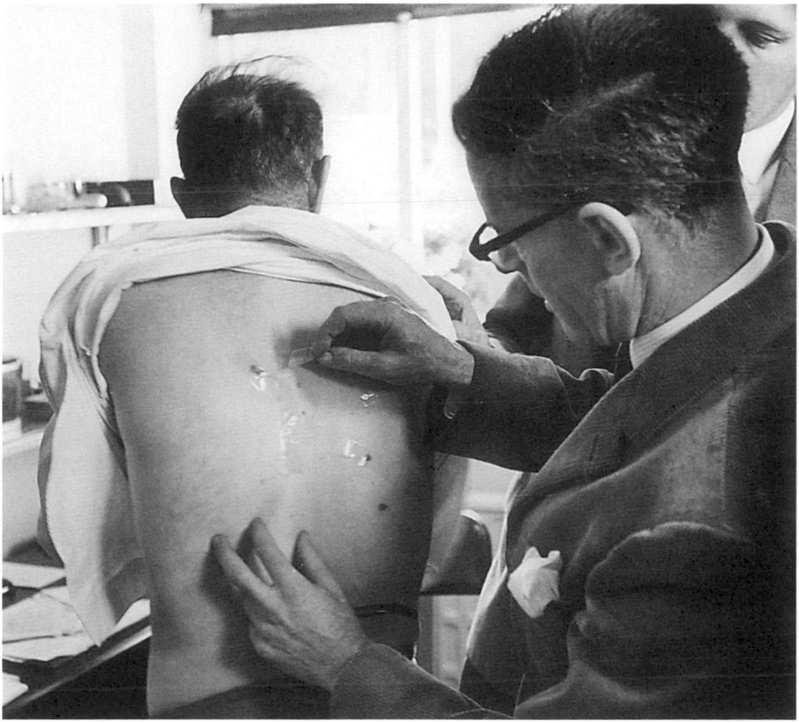

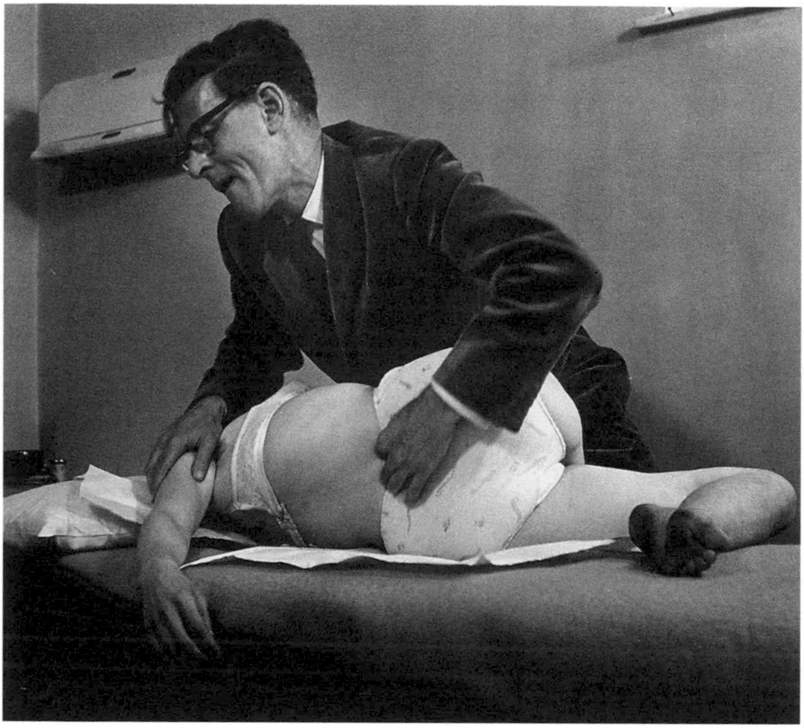

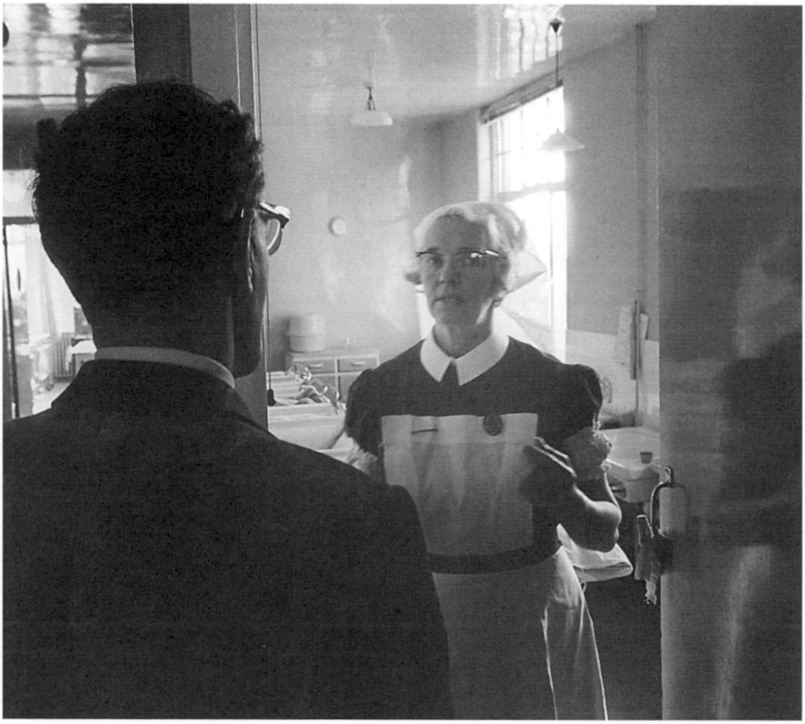

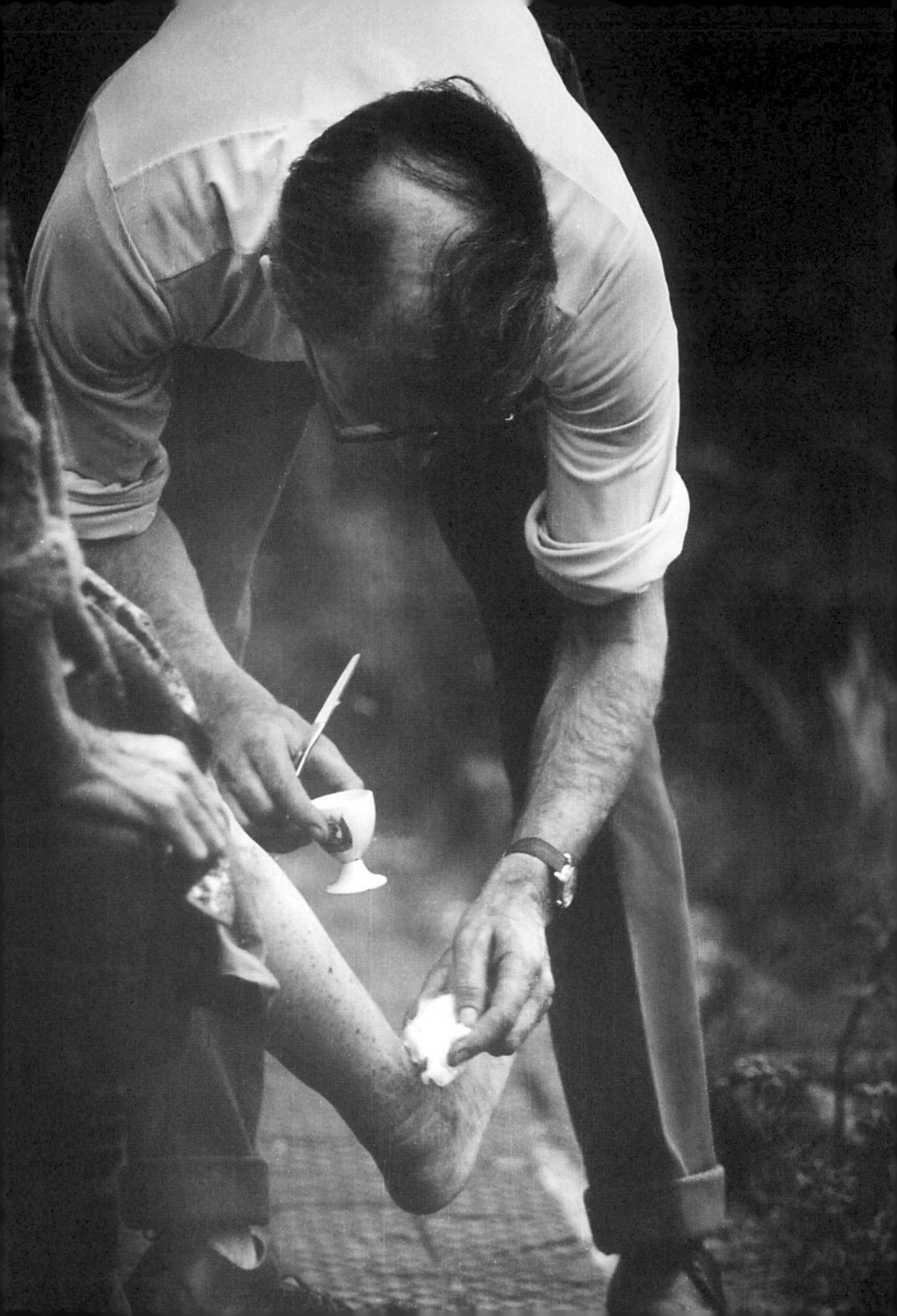

我希望能為這本書寫個結論，為我留意到的事物做出總結和評價。但我不能。為這本書做結論實在超出我的能力。我可以用薩梭的另一則故事為本書畫上句點，或許這樣做，大多數讀者便不會留意到這個缺漏。

然而，或許更重要的，是去分析為何本書無法做出結論——如果問題不全出在我身上的話。

事實上，一切都尚未蓋棺，自然無法論定。薩梭，本著幸運之人在今日這世界想根據自身信念繼續工作所必備的狡猾直覺，已經建立了他所需的情境。並非沒有代價，但整體而言令人滿意。他在這樣的情境中工作。在我書寫的此刻，他正在工作。也許正在為某個日常感染開立常規處方，正在聆聽病患講話，正在從拇指上取出幾滴血，正在想像自己就是對面的男人或女人，正在與藥品公司的業務代表交談，正在測試一些尿液，正在希望能知道更多、學習更多。

我描述過一些他為自己打造的情境，但最後，還是只能根據他在這個情境中的工作成果來評判。但我無法評價那個工作成果，如果他是一個虛構人物，我很容易就能做出評價。在某種意義上，虛構似乎異常簡單。在虛構的故事中，你只要**決定**某個角色整體而言是令人欽佩的就可以了。當然，要讓角色令人欽佩，依然是個問題，而且寫出來的效果，也可能跟原先的意圖相反。但無論如何，你可以決定結果。而我現在，什麼也無法決定。

我的處境與自傳作家恰好相反，因為自傳作家甚至比小說家更自由。他是自己的主角，也是自己的編年史家。沒有任何事情、任何人、甚至任何虛構的角色可以指摘他。不管他遺漏了什麼，扭曲了什麼，虛構了什麼——一切的一切，至少就這個文類的邏輯而言，都站得住腳。或許這就是自傳真正的吸引力：所有你無法控制的事情，最後都得臣服於你的決定。而現在，情況恰好相反，我只能聽憑我無法含括的現實擺布。

傳記有別於自傳，沒錯，傳記有時也是以活人為主角，而這類傳記根據它們的慣例，也會做出某個結論。但這類傳記主角若非美名遠播就是臭名昭著。他們可能是我們未來的首相，或我們肯定會留意到的外國政治人物。讀者與作者在讀寫該書之前，都知道為何會出這本書。因為X就是那個著名的X。而故事自然會在他爬到目前的權勢頂峰時結束，這是一種神化。

薩梭並非這類人物。

假設他去世了呢？你或許會問。但如果他去世了，我會寫一本不同的書。一個人的一生會因他的死亡徹底改變，這聽起來似乎有點荒謬，但我指的是對那些認識他的人，或甚至聽過他的人而言。最簡單的例證，就是想想藝術家去世時的情況。

上週你認為畫家還活著時你看到的那幅畫，和你這星期知道他過世後看到的那幅畫，並不是相同的畫（雖然是同一塊畫布）。從他過世起，每個人看的那幅畫，都是你這星期看到的那幅。上週你看到的那幅，已經跟著他一起死了。這聽起來可能極度形上學。實則不然。那只是抽象思考的結果，抽象思考是我們的天賦——或我們的必需品。藝術家還在世時，雖然那幅畫很明顯已經完成了，但我們會將它視為還在進行中的作品的一部分。將它視為尚未完成的過程的一部分。我們可以把一些表述形容詞套在它上頭，像是：前景看好的、令人失望的、不符期待的。但藝術家過世後，那幅畫就變成終極作品的一部分。藝術家畫完了。我們和那幅畫一起留在世上。對於那幅畫，我們能想的或能說的，都改變了。我們再也不能用它寄語藝術家，甚至無法寄語我們原本就沒機會寄語的缺席藝術家；如今，我們只能為自己思考或說話。討論的主題不再是藝術家不為人知的意圖，不再是他可能的迷惑，不再是他的希望，他的說服能力，他的變革能耐；現在，討論的主題是，他留給我們的作品對我們有什麼用。因為他死了，我們變成了主角。

人生也是如此。一個人的死亡，讓有關他的一切都有了定論。當然，祕密或許會跟著他一同死去。當然，一百年後，看到某些文件的某個人，或許會發現一個事實，一個所有參加過他葬禮之人都不知道的事實，讓後人對他的一生截然改觀。

死亡改變了事實，而且是質變而非量變。不可能知道更多有關他的事實，因為他死了。但已經知道的事實會固化，變成定論。我們不可能冀望模糊被澄清，我們不可能冀望進一步改變，我們不可能冀望更多。現在，我們是主角，我們必須拿定主意。

所以，如果薩梭死了，我想寫的那篇文章，臆測的風險會小上許多。部分是因為，我想要寫一篇有關他的更精準回憶，保留住他的模樣。但也是因為，在我寫那篇文章時，我不會像現在這樣，時時刻刻意識到他的人生還在持續，還未固定，還有神祕之處，對它自身的結局還一知半解。如果他死了，我會總結這本書，一如死亡總結了他的人生。沒有多愁善感，沒有宗教暗示，我會希望他安息，至少在這最後幾頁。

但事實上，薩梭還活著，還在持續工作著，而我的臆測和他持續進行的人生是平行的——我焦急地想看到最大的可能性，但卻擺脫不了半盲的狀態，像朗朗白日下的一隻貓頭鷹。因為太過盲目而無法看到明確的結論，只能察覺到各種選項。

還有另一個因素，讓我幾乎無法為本書做出結論。如果不對我們的社會做出地毯式的歸納概化，並證明這些概化的正當性，就很難寫出結論，但如此一來，就會太過偏離正在處理的主題。

我得想辦法說得簡單好懂一些。有些諸如國家危機或社會危機之類的事情，它們的等級之高，會讓經歷該危機的所有人都受到考驗。這類危機就是關鍵時刻，會暴露出與個人、階級、制度及領導者有關的許多面向，不是全部，但有很大一部分。對這些暴露出來的真相，世界通常無法領略或理解，但對所有屬於該社會或該國家的人，它們的重要性與意義則相當清楚。即便是因為這場危機而發現彼此勢不兩立的人，也都會同意，在這類關鍵時刻顯露出來的東西是無可否認的。

不要拘泥於「時刻」的字面意思。這類危機可能持續幾天，幾週，偶爾會持續個幾年。一九一六年的都柏林（Dublin）就像是這樣的時刻。

麥克唐納（MacDonagh）和麥克布萊德（MacBride）
康諾利（Connolly）和皮爾斯（Pears）
此刻與將來，
每當披上綠色，
就變了，徹底變了。
驚人之美就此誕生。[11]

一九四〇年投降納粹後的法國，一九五六年的布達佩斯，解放戰爭時期的阿爾及利亞，一九五九年卡斯楚第二次上台後的古巴，都是類似的時刻。

11　作者注：出自葉慈詩作《復活節》（譯注：引文中提及的都是一九一六年都柏林復活節起義的領袖人物，該起義的目的是要終結英國統治，建立獨立的愛爾蘭共和國）。

如果你撰寫的對象，曾經歷過這樣一場危機，並受其啟發，就比較容易從正確合理的角度觀看他的人生，至少是部分人生，更容易認知他的歷史角色。如果你的讀者曾經歷過同一場危機，對他們而言，要理解這個角色的價值就更易如反掌。對一個經歷過德國占領時期的法國人而言，說X是「反抗軍」或對反抗軍很友善，或說Y是一名「法奸」，就等於是在給X或Y的一生下定義。

薩梭並未經歷過這類危機。他上過戰場。但對英國人而言，第二次世界大戰並不構成這種等級的危機。在我先前提到的那類危機中，每個人都必須為自己做出選擇。他做出自己的選擇，以此明確表態會與做出同樣選擇的其他所有人站在同一邊。這就好像在某個給定的時刻，每個人都被身在其中的歷史進程攔了下來，被迫宣告自身的立場。在第二次世界大戰的英國，那個選擇是官方做的，也是官方日日為它的正當性辯護，我們只須替那個選擇背書。

自戰爭以來，我們在過去二十年所經歷的這段時期，肯定會被視為關鍵時刻的反命題，一個恰好相反且拖長的時期。我們根本沒機會做選擇。一些根本性的政治決策，以我們之名做出——卻從未提出來讓我們做選擇。我們將它們當成勢在必行的政策，只能接受，或做些微弱的抗議。國會裡兩個有實力的政黨，對這些政策基本上都是同意的，反對黨只是反對細節。我們得到了選擇豁免權，無須為世上四分之三人口視為生死攸關的議題做出任何表態：包括種族平等，民族與經濟獨立的權利，終止階級剝削，在警察國家裡爭取自由（和生存），消除飢荒，等等。我們有自己的意見，但這些根本微不足道，即便在我們之間。

不習慣選擇，不習慣見證他人的選擇，我們發現，自己沒有一套衡量或評判彼此的標準。唯一的標準就是個人喜好——或它的商業變體，也就是「個性」。

許多人會說，這是我們的幸運。我很懷疑。到目前為止，我們無須做選擇所付出的代價，就是讓問題不斷延宕，基本上是經濟問題，而這些問題卻會深深影響我們的未來。我們大概會繼續將之推遲，直到為時已晚。然後，我們將遭逢自身的危機——也許會在薩梭還活著的時候。

我知道薩梭大多數的意見。我想我能想像，他在可預見的各種情境下，會做出何種選擇。但無論我的想像是對或錯，也無論是否所有情境都可預見，真正的重點是，無論我是基於什麼標準來評判他會做出何種選擇，並以他的選擇來驗證他的人生目的，但在這一刻，那套標準勢必是主觀的，只能將自己建構為暗示而非正確的度量。那套標準必定是主觀的，因為在目前這種豁免與延宕的情境中，唯有借助個人的信念與想像，它們才能保有活力。有些人口頭上信奉一套客觀標準，認為可用那套標準來評判世界上任何地方的歷史性選擇，但這類人，全都躲在無感、武斷的各式學院裡，只是瞪大雙眼看著窗外。反之，我的暗示是有感的，但還無法說服任何人——這可以理解。我們等候漫長序曲的終結。

一路跟隨我走了這麼遠，走到這主題最外圍的讀者，現在可能會說：**既然未來**

無法確定，那就根據目前的帳面做出結論，承認那是一個不完整的結論即可。

但這裡，我們會遇到另一個困難。薩梭已經行醫二十五年。到目前為止，他治療過的案例肯定超過十萬個。這似乎是一個「好」紀錄。但如果他只治療過一萬個案例，會是一個比較不「好」的紀錄嗎？假設他是一個聰明但粗心的醫生，那麼他粗心地治療一個、十個、一百個病例，他的紀錄會被扣多少分？假設他是一個聰明且異常敬業的醫生，他的紀錄又會被加多少分？他的紅利會有多少？

這樣的核算似乎很荒謬。那麼，讓我們問一下：緩解一份痛苦的社會價值是什麼？拯救一條生命的價值是什麼？治療一個嚴重疾病的價值，要如何跟一名小詩人寫出一首好詩相比？做出正確但極度困難的診斷，又要如何跟畫出一幅偉大油畫相比？這樣的比較，顯然也同樣荒謬。

是否該根據某位醫生一貫的專業技術水平，對他的專業做出評判？如果是一名外科醫生，似乎有點道理，因為他的工作無論多複雜，總是有個限度。外科手術有開始，有結束，可以被檢驗。一項技術，無論多精良，總是有個已知的範圍。但要去評判薩梭這樣的醫生，將會困難許多。不過，我不想把這議題複雜化。就讓我們假設，薩梭身為醫生的一貫表現水平，就跟技術一樣，是可以衡量的。如此一來，我們就可以把他視為技術人員進行評分。既然他用他的技術治病，而疾病需要治療，那麼他以技術人員身分得到的評分，應該可以判定他工作的價值。

但這能滿足我們嗎？他的能力價值而非他真正成就的價值？

讀到這裡，我猜想讀者會打斷說：當然不能。但答案的局限與荒謬，正是源自於你提問的方式。你不該指望，能用估算倉庫存貨的方式，去評判一個人一輩子的工作成果。根本沒有可以衡量的標準。

的確，我的問題無法得到滿意的答案。但我之所以提出這些問題，是想讓你看出真正的重點：我們這個社會並不知道如何去承認與衡量一位醫生執行一般醫療的貢獻。這裡的「衡量」一詞，指的並非根據一個固定的尺規**做出計分**，而是**做出推**

估。不是拿醫生去跟藝術家或航空公司飛行員或律師或政治助手做比較，然後排出優劣順序。而是拿他們做比較，以便藉由其他範例，讓我們更加了解醫生做（或沒做）的是什麼。

當我們聽說一組醫生或生物化學家發現了一種新療法，我們很容易就可以承認他們的成就。承認新療法對「醫學進步」有貢獻。很容易承認，是因為這項發現所許諾的東西還很抽象。可以歸在「科學」或「進步」之下。

但是，當我們要試著去想像並衡量一個人，那個人做的不多不少，就是紓解以及偶爾拯救數萬個我們同代人的生命，那就是截然不同的一件事。原則上，我們自然會認為那是一件好事。但要做出全面性的衡量，我們就得稍稍計算一下這些生命對此刻我們有多少價值。

醫生是受歡迎的英雄，只要想想電視上多常這樣呈現醫生的形象，你就可以知道。假如醫生的訓練不必花那麼長的時間和那麼昂貴的費用，每位母親都會樂意讓自己的孩子去當醫生。醫生是所有職業中最被理想化的。不過，它的理想化是抽象層面的。有些年輕人立志當醫生，一開始就是受到這種理想形象的激勵。但我想說的是，為什麼有這麼多醫生後來變得憤世嫉俗，變得失望幻滅，最根本的原因之一，就是當抽象的理想主義被消磨之後，他們並不確定自己治療的那些生命，究竟有何價值。這不是因為他們冷酷無情或泯滅人性，而是因為，他們生活在一個無法知道人的生命有何價值的社會，並接受這樣的社會。

這個社會承擔不起。如果社會知道人的生命有何價值，它就只有兩條路可走：一是摒棄這項認知並隨之卸下它所有的民主偽裝，變成極權主義；二是把這項認知考慮進去，並進行自我革命。不管是哪一種，社會都會被改造。

讓我說得明白一點。我不會宣稱我知道人的生命有何價值。沒有最後的答案或個人的答案——除非你準備接受從過去留存下來的中世紀宗教答案。這問題是社會性的。個人無法**為自己**回答。答案存在於總體的關係當中，這種關係可在某個社會結構裡存在一定長度的時間。最後，人的價值對其自身而言，是表現在他如何對待自己。

但既然社會發展是辯證性的，而既存的社會關係與可能出現的社會關係之間總是存在矛盾，所以人們有時會察覺到，現有的答案並無法回答某些新活動或新思想所提出的問題。

我不曾忘記幾年前我在葛蘭西（Gramsci）一篇文章中讀到的一段話。他是在一九三〇年左右於獄中寫下該篇文章。

因此，「人是什麼」（what man is）這個問題，總是假扮成所謂的「人性」（human nature）問題或「人類全體」（man in general）的問題，企圖創造一種人的科學，一種哲學，它的起點主要是建立在「單一整體的概念」（unitary idea）之上，建立在一種抽象之上，目的是要將「人類」的一切都包含進去。但作為

一種現實與作為一種概念的「人類」（humanity），究竟是起點或終點？[12]

作為一種現實與作為一種概念的「人類」，究竟是起點或終點？

我不會宣稱自己知道人的生命有何價值——這個問題無法用言語回答，只能透過行動，只能藉由打造一個更人性的社會來回答。

我知道的是，我們現在的社會，透過強迫性偽善的緩慢消耗過程，浪費並挖空了它尚未摧毀的生命；而且，在它自身的脈絡下，一位醫生提供的服務若超出販賣醫療，無論是直接販賣給病患或透過政府服務單位的中介，只要超過那個程度，都是無法評價的。

結論非定論而且很簡單。薩梭行醫。他的方式或許有些符合我的描述。既然我們還沒開始建立一個可以評價薩梭社會貢獻的社會，既然我們充其量只能用經驗性的權宜標準來評價他，那我只能引用他自身必須遵守的工作邏輯來結束本文，這個邏輯儘管有其斯多葛主義的成分，但也蘊含了懷抱希望的樂觀種子：「每當死亡提醒我——它每天都在發生——我總會想到自己的死亡，而這會讓我更加努力工作。」

12 作者注：見安東尼・葛蘭西（Antonio Gramsci）的《現代君主論》（*The Modern Prince and Other Writings*）。

後記

撰寫前面的正文時，特別是最後談到不可能總結薩梭一生與工作的那幾段，我並不知道十五年後，他會舉槍自盡。

我們這個即時享樂的文化，往往會認為，蓄意自殺是一種負面注解。哪裡出了錯？它天真地問。然而，自殺未必是對被了斷的那個人生的評論；自殺也可能是那個人生的命運。這是希臘悲劇的觀點。

約翰，我深愛的那個男人，自殺了。是的，他的死亡改變了他的生平。死亡讓這則故事變得更加神祕。但並未更加黑暗。我在那裡看到的光和他面前的一樣亮。此刻，站在他身前，我沒去尋找當初或許應該預見但沒預見的東西，彷佛那個本質已經從我們交遞的東西中遺失了；此刻，我從他的自殺開始，從他的離世開始，更加溫柔地回顧他打算做的事，以及在他還能忍受的時候，他為別人做過的事。

（本文撰寫於一九九九年）

約翰・伯格年表

一九二六年	十一月五日出生於倫敦一個中產階級家庭。父親S J D伯格（S. J. D. Berger）曾於第一次世界大戰西線中擔任步兵軍官。母親為米蘭・布蘭森（Miriam Branson）。少年時期進入牛津聖愛德華學院（St Edward's School）就讀。
一九四三年	獲得獎學金，進入倫敦中央藝術學院（Central School of Art）就讀，隨即因從軍而中斷課業。
一九四四年	於第二次世界大戰期間入伍，加入牛津郡和白金漢郡輕步兵。
一九四六年	退役後，進入切爾西藝術學院（Chelsea School of Art）繼續學業。開始於懷登斯坦（Wildenstein）、瑞德弗尼（Redfern）、萊斯特（Leicester）等畫廊展出畫作。
一九四八年	開始教授繪畫。
一九四九年	與第一任妻子派翠西亞・瑪麗特（Patricia Marriott）結婚。兩人於一九五〇年代離異。伯格後與安雅・波斯托克（Anya Bostock）結婚。
一九五二年	開始於《新政治家》雜誌（*New Statesman*）撰寫藝術評論，其思想與風格使他成為極具爭議性的評論家。

一九五八年	出版小說《我們時代的畫家》（*A Painter of Our Time*），以一位虛構的匈牙利畫家為主角。作品中對政治議題的尖銳刺探，與創作過程的細節描寫，引發爭議討論。出版後一個月，在文化自由大會（Congress for Cultural Freedom）的壓力之下，出版商 Secker & Warburg 緊急回收本書。
一九六〇年	出版評論文集《永固紅》（*Permanent Red: Essays in Seeing*）。
一九六二年	出版《趨近真實》（*Toward Reality*）、小說《克里夫的腳》（*The Foot of Clive*）。長女凱蒂雅・伯格（Katya Berger）出生於英國倫敦。
一九六三年	次子雅各・伯格（Jacob Berger）出生於英國格魯斯特郡。
一九六四年	出版小說《寇克的自由》（*Corker's Freedom*）。
一九六五年	出版藝術評論集《畢卡索的成與敗》（*Success and Failure of Picasso*）。
一九六七年	與瑞士攝影師尚・摩爾（Jean Mohr）合著出版《幸運之人》（麥田出版）。
一九六八年	出版《立體主義的時刻》（*The Moment of Cubism*）、《藝術與革命：談恩斯特・內茲維努伊與蘇聯藝術家的意義》（*Art and Revolution: Ernst Neizvestny, Endurance, and the Role of the Artist in the USSR*）
一九七一年	與瑞士導演阿蘭・鄧內（Alain Tanner）合作撰寫《沙羅曼蛇》（*La Salamandre*）電影劇本。
一九七二年	ＢＢＣ電視台播出其系列影片《觀看的方式》（*Ways of Seeing*），同年出版同名藝術評論集《觀看的方式》（麥田出版）。

出版小說《G》（G）、《凝望事物》（*The Look of Things*）。以《G》獲一九七二年布克獎、布萊克紀念文學獎，並在獲獎後，將半數獎金捐贈給黑人民權運動組織英國「黑豹黨」，其餘獎金投入歐洲移住工人研究計畫。與第三任妻子比佛莉・班克勞馥（Beverly Bancroft）相識，兩人於一九七〇年代結婚。

一九七四年　與阿蘭・鄧內（Alain Tanner）合作撰寫《世界的中心》（*The Middle of the World*）電影劇本。

一九七五年　與尚・摩爾合著出版《第七人：歐洲移住工人的故事》（*A Seventh Man: Migrant Workers in Europe*）。因為寫作本書，開始定居法國上薩瓦省靠近邊境阿爾卑斯山的小村莊昆西（Quincy）。

一九七六年　么子伊夫・伯格（Yves Berger）出生於法國上薩瓦省的昆西村。

一九七九年　出版小說《豬之大地》（*Pig Earth*），為工人三部曲（Into Their Labours）之第一部。

一九八〇年　出版《談觀看》（*About Looking*）。

一九八二年　與尚・摩爾合著出版《另一種影像敘事》（*Another Way of Telling*）（臉譜出版）。

一九八三年　出版小說集《波里斯》（*Boris*）。與阿蘭・鄧內（Alain Tanner）合作《二〇〇〇年約拿即將二十五歲》（*Jonah who will be 25 in the year 2000*）電影劇本。

一九八四年　出版《我們的臉與我的心，短暫如照片》（*And Our Faces, My Heart, Brief as Photos*）。

一九八五年　出版《觀看的視界》（*The Sense of Sight*）（麥田出版）。

一九八七年	出版工人三部曲第二部小說《歐洲往事》（*Once in Europa*）。與妮拉・貝爾斯基（Nella Bielski）合著出版《有關地理的問題》（*A Question of Geography*）。
一九八九年	與妮拉・貝爾斯基合著出版《哥雅最後的肖像》（*Goya's Last Portrait*）。
一九九〇年	出版工人三部曲第三部小說《丁香與旗》（*Lilac and Flag*）。
一九九一年	出版評論集《不時會晤》（*Keeping a Rendezvous*）。
一九九四年	出版《傷痕之頁》（*Pages of the Wound*）。
一九九五年	出版小說《婚禮之途》（*To the Wedding*）（麥田出版）。
一九九六年	出版短篇小說集《複印》（*Photocopies*）。與從事寫作與影評的女兒凱蒂雅・伯格合著對談文集《提香：少女與牧羊人》（*Titian: Nymph and Shepherd*）。
一九九八年	與妮拉・貝爾斯基合著出版《伊莎貝爾》（*Isabelle: A Story in Shorts*）。
一九九九年	與尚・摩爾合著出版《世界的邊緣》（*At the Edge of the World*）。出版《國王：一個街頭故事》（*King: A Street Story*）。
二〇〇一年	出版《另類的出口》（*The Shape of a Pocket*）（麥田出版）。與約翰・克里斯提（John Christie）合著出版《將鎘紅色寄給你》（*I Send You This Cadmium Red: A Correspondence with John Christie*）。
二〇〇四年	與馬克・崔維耶（Marc Trivier）合著出版《我最美麗的》（*My Beautiful*）。

二〇〇五年	出版《約翰・伯格談繪畫》（*Berger on Drawing*）、《我們在此相遇》（*Here is Where We Meet*）（麥田出版）。
二〇〇七年	出版《留住一切親愛的：生存・反抗・欲望與愛的限時信》（*Hold Everything Dear*）（麥田出版）。
二〇〇八年	出版《A致X：給獄中情人的溫柔書簡》（*From A to X*）（麥田出版）、《同時》（*Meanwhile*）。以《A致X：給獄中情人的溫柔書簡》入圍二〇〇八年布克獎。獲得Golden Pen終身成就文學獎。
二〇〇九年	出版《為什麼凝視動物？》（*Why Look at Animals?*）。與伊莎貝爾・柯瑟特（Isabel Coixet）合著出版《I致J》（*From I to J*）。
二〇一〇年	與凱蒂雅・伯格合著出版《躺下入眠》（*Lying Down to Sleep*）。
二〇一一年	與安・麥可（Anne Michaels）合著出版《鐵軌》（*Railtracks*）。出版《班托的素描簿》（*Bento's Sketchbook*）（麥田出版）。
二〇一二年	出版《白內障》（*Cataract*）、與從事藝術工作的兒子伊夫・伯格合著《湯杓與詩》（*La louche et autres poèmes*）。
二〇一三年	出版《理解攝影》（*Understanding a Photograph*），由傑夫・戴爾（Geoff Dyer）編選、撰寫導讀。
二〇一七年	一月二日逝於法國，享耆壽九十歲。

litterateur 13

幸運之人

A Fortunate Man

•原著書名：A Fortunate Man•作者：約翰•伯格（John Berger）•攝影：尚・摩爾（Jean Mohr）•翻譯：吳莉君•封面設計：廖韡•排版：李秀菊•責任編輯：徐凡•國際版權：吳玲緯、楊靜•行銷：闕志勳、吳宇軒、余一霞•業務：李再星、李振東、陳美燕•總編輯：巫維珍•編輯總監：劉麗真•發行人：凃玉雲•出版社：麥田出版／城邦文化事業股份有限公司／104台北市中山區民生東路二段141號5樓／電話：(02) 25007696／傳真：(02) 25001966、發行：英屬蓋曼群島商家庭傳媒股份有限公司城邦分公司／台北市中山區民生東路二段141號11樓／書虫客戶服務專線：(02) 25007718；25007719／24小時傳真服務：(02) 25001990；25001991／讀者服務信箱：service@readingclub.com.tw／劃撥帳號：19863813／戶名：書虫股份有限公司•香港發行所：城邦（香港）出版集團有限公司／香港灣仔駱克道193號東超商業中心1樓／電話：(852) 25086231／傳真：(852) 25789337•馬新發行所／城邦（馬新）出版集團【Cite(M) Sdn. Bhd.】／41-3, Jalan Radin Anum, Bandar Baru Sri Petaling, 57000 Kuala Lumpur, Malaysia.／電話：+603-9056-3833／傳真：+603-9057-6622／讀者服務信箱：services@cite.my•印刷：前進彩藝有限公司•2024年1月初版一刷•定價400元

國家圖書館出版品預行編目資料

幸運之人／約翰・伯格（John Berger）著；尚・摩爾（Jean Mohr）攝影；吳莉君譯. -- 初版. -- 臺北市：麥田出版：家庭傳媒城邦分公司發行, 2024.01

面； 公分. -- (litterateur；RE7013)

譯自：A Fortunate Man

ISBN 978-626-310-562-1（平裝）

EISBN 9786263105652（EPUB）

1.CST: 薩索爾 (Sassall, John) 2.CST: 醫師 3.CST: 傳記 4.CST: 英國

784.18 112017006

城邦讀書花園

www.cite.com.tw